KB216709

요한 크리스토프 블룸하르트
1805-1880

　독일 남부지방 부르템베르크를 중심으로 퍼졌던 경건주 분위기 속에서 태어났다.(1805-1880) 그의 부모는 농부였으며 종교와 생활이 서로 조화를 이룬 모범적인 신앙인이었다. 그 역시 12살에 이미 두 번씩이나 성서를 통독했을 정도로 신앙심이 남달랐다. 튀빙겐 대학에서 신학을 연구하고 목사가 된 그는 하나님의 실체를 몸소 체험하기를 갈망하였는데, 후에 아주 생생하게 경험하게 된다. 1838년 뫼트링겐이라는 작은 마을에서 목회를 할 당시 교인 가운데 한 처녀가 악마에 사로잡혀 고통 받게 되는데, 이 악마의 세력과 2년에 걸쳐 치열한 싸움을 벌인 끝에 극적으로 마귀가 쫓겨나가고 처녀가 치유되었던 것이다. 그 뒤 뫼트링겐은 "예수는 승리자다"라는 환호성과 함께 온 독일에 알려진다. 그러나 너무 많은 사람들이 뫼트링겐으로 몰려들면서 1852년 블룸하르트는 아내와 함께 이곳을 떠나 바트볼이라는 마을로 옮긴다. 그곳에서 그는 몸과 마음에 병이 있는 사람들을 도우며 평생을 보냈다.

　한국에는 『예수는 승리자다』, 『예수처럼 아이처럼』, 『더이상 하늘에 계시지 마시고』, 『지금이 영원입니다』가 소개되었다

크리스토프 프리드리히 블룸하르트
1842-1919

1842년 독일 뫼트링겐에서 요한 블룸하르트의 아들로 태어났다. 삶의로서의 신앙을 중시하고 하나님의 기적을 자연스럽게 받아들이며 성장한 그는 튀빙겐에서 신학을 공부했다. 그후 독일의 바트볼로 돌아와 아버지를 도왔고, 아버지 사후에도 그곳에서 사역을 이어갔다. 곧 그는 아버지처럼 복음전도자와 성령치유자로 높은 명성을 얻게 된다.

하지만 병든 몸을 이끌고 찾아오는 가난한 노동자들을 대하면서 블룸하르트의 시선은 점점 세상으로 옮겨간다. 당대의 사회·경제적 문제에 관심을 가지게 된 그는 결국 노동자 탄압에 반대하는 시위에 참석하여 세상을 놀라게 한다. 독일 사민당에 들어가 본격적인 정치 활동을 시작한 블룸하르트는 지방 의원으로 당선되어 6년간 의정활동을 하기도 했다. 그러나 임기가 마무리될 즈음에 정당 정치에 환멸을 느껴 재선에 도전하지 않은 채, 바트볼로 돌아가 1919년, 생을 마감할 때까지 다시 목회자의 길을 걸었다.

비록 오늘날에는 그 이름이 잘 알려지지 않았지만, 그가 살았던 당시에는 수많은 사람에게 영향을 끼쳤다. 블룸하르트는 신학적으로나 정치적으로나 특징짓기 쉽지 않은 인물이다. 블룸하르트는 스위스와 독일의 "종교사회주의와 변증법신학Dialectical Theology"이라는 두 개의 운동이 태동하는 데 결정적인 역할을 했음에도 불구하고 자신의 어떠한 "신학 체계"도 세우지 않았다. 그의 생각들은 레온하르트 라가츠, 칼 바르트, 디이트리히 본회퍼, 자끄 엘륄, 에밀 브루너, 오스카 쿨만 그리고 위르겐 몰트만 같은 신학 거장들에게 지대한 영향을 끼쳤다. 그리고 블룸하르트 부자는 예수의 산상수훈의 가르침에 기초한 국제적인 공동체 브루더호프의 신앙과 삶에 계속해서 영향을 미치고 있다.

블룸하르트는 인류 진보를 위협하는 가장 큰 위험이 바로 "기독교"라고 확신했다. 그가 말하는 기독교란 영적인 것과 물질적인 것을 분리해서 생각하고, 하나님의 의를 위한 실제적인 일 대신에 이기적이고 자기만족적이며 피안적인 종교성만을 부추기는 의식과 종교행위로 가득한 일요일 종교를 말한다. 그는 예배 형식과 자기 구원, 내세에만 집중하여 삶의 진정한 변화와 하나님나라의 정의를 도외시하는 허울뿐인 기독교를 한탄했다.

블룸하르트는 예수님이 전하고자 한 것은 새로운 세상, 즉 하나님이 만물을 통치하시는 하나님나라라고 믿었다. 블룸하르트에게 있어서 복음은 인간 삶에 혁명을 요구한다. 가장 중요한 것은 다가올 하나님의 통치이다. 그리고 하나님나라는 기독교나 다른 어떤 종교 제도나 인간적인 진보사상과 혼동되어선 안 된다.

그의 저서 중 『저녁 기도』, 『행동하며 기다리는 하나님나라』, 『더이상 하늘에 계시지 마시고』, 『숨어 있는 예수』, 『예수처럼 아이처럼』, 『지금이 영원입니다』가 한국에 소개되었다.

하나님이 하시는 일을 보라

The God Who Heals
Words of Hope for a Time of Sickness

하나님이 하시는 일을 보라

지은이	요한 크리스토프 블룸하르트
	크리스토프 프리드리히 블룸하르트트
편집자	찰스 E. 무어
옮긴이	황의무
초판발행	2023년 12월 1일
펴낸이	배용하
책임편집	배용하
교열 교정	윤찬란
등록	제364-2008-000013호
펴낸곳	도서출판 대장간
	www.daejanggan.org
등록한곳	충청남도 논산시 가야곡면 매죽헌로1176번길 8-54
대표전화	(041) 742-1424 전송 (0303) 0959-1424
분류	기독교	신앙	위로
ISBN	978-89-7071-628-2 03230

 값 10,000원

하나님이 하시는 일을 보라

아픈 이에게 주시는 소망의 말씀

요한 크리스토프 블룸하르트
크리스토프 프리드리히 블룸하르트

찰스 E. 무어 편집
릭 워렌 서문

수고하고 무거운 짐 진 자들아 다 내게로 오라.
내가 너희를 쉬게 하리라 나는 마음이 온유하고
겸손하니 나의 멍에를 메고 내게 배우라.
그리하면 너희 마음이 쉼을 얻으리니
이는 내 멍에는 쉽고 내 짐은 가벼움이라 하시니라

마 11:28-30

차례

하나님은 들으신다

치유를 약속하신 하나님

하나님이 하시는 일을 보라

우리의 소망

서문

릭 워렌 _ Rick Warren

우리는 누구나 인생의 어느 순간 고난과 고통을 맛보며, 마침내 죽음에 이른다. 그것은 피할 수 없다. 그날이 이르면 어떻게 할 것인가?

대부분 사람이 그렇지만, 그리스도인조차 갑자기 닥친 심각한 질병이나 말기 암 진단에 하나님의 목적과 씨름하게 된다. 우리의 첫 번째 반응은 하나님께 돌아가 이 고통에서 벗어나게 해달라고 기도하는 것이다. 그러나 하나님의 대답이 치유가 아니라 고난을 통해 우리를 온전케 하심이라면 어떻게 할 것인가? 하나님은 이 순간을 통해 우리의 신앙을 테스트하실 수 있다. 그러나 우리가 그의 뜻에 순종한다면, 하나님은 이 고통을 통해 우리의 믿음을 깊게 하고 영혼을 치유하며 기쁨을 회복하실 수 있다.

블룸하르트 부자는 이 책을 통해 신체적 치료는 하나님의 가장 큰 응답이 아니라는 사실을 상기시킨다. 참된 치유는 우리가 이해할 수 없는 순간에도 하나님을 신뢰하는 것이다. 그의 말씀에 기록된 약속을 믿는 것은 우리의 육신이 쇠약할 때도 우리의 마음을 새롭게 하며 우리의 영을 강건하게 한다. 그것은 두려움에 무릎을 꿇는 것이 아니다. 그것은 예수께 자신을 온전히 맡기는 것이다. 여러분이 지금 어떠한 환경에 처해 있든, 이 책을 날마다 읽는다면 여러분의 모든 초점은 진정한 영적 치유자인 예수님과의 더욱 친밀한 관계에 맞추어질 것이다.

여러분이 깊은 절망의 골짜기를 지날지라도, 하나님은 그곳에서도 여러분과 함께하시며 고통 가운데 있는 여러분과 동행하신다. 하나님은 여러분의 고통을 알고 계신다. 그는 그곳에 계신다. 그는 이해하신다. 우리의 크신 위로자이신 예수님은 큰 고통을 당하신 분이시다. 사도 바울은 고린도인에게 보낸 첫 번째 편지에서, 하나님이 고통 가운데 있는 우리를 위로하신 것처럼 우리도 다른 사람을 위로할 수 있다고 말한다. 여러분은 고난이 오면 어떻게 대처할 것인가? 우리는 믿음으로, 우리가 고통 가운데 있을 때도 예수님이 승리적 삶의 원천이 되신다는 사실을 알고 있다. 하나님은 고통을 낭비하지 않으시기 때문이다. 그는 고통을 통해 우리를 자신이 원하는 방향으로 인도하시고, 우리 내면에 있는 것을 드러내시며, 우리를 온전케 하시고, 더욱 하나님을 닮은 자로 변화시킬 수 있다. 하나님은 고통을 복으로 바꾸시는 위대한 의사시다.

하나님께 여러분의 삶을 열라. 그리고 예수님을 더욱 친밀하게 알아가라. 블룸하르트 부자의 "병든 때에 주시는 소망의 말씀"을 통해 여러분의 영혼을 치유하는 힘을 발견하라. 가슴에 하나님의 말씀을 품고 그의 뜻에 순종하며 그의 약속을 신뢰하라.

머리말

찰스 무어 _ Charles E. Moore

필자의 친구이자 동료인 리차드 스콧Richard Scott 목사는 암 진단을 받은 상태에서 우리 회중에게 이렇게 말했다. "중병에 걸리거나 죽음에 직면한 자는 자신에게 물어보아야 한다. '이제 나는 어떻게 해야 하는가? 이 고난이 나를 바꿀 수 있게 하겠는가? 아니면 나의 삶을 위한 하나님의 뜻을 거부하고 피하겠는가?'"

그의 말은 내 머릿속을 맴돌았다. 내 친구는 어떻게 바뀌어야 하는가? 그는 내가 알고 있는 가장 겸손하고 헌신적인 그리스도의 제자 가운데 하나다. 그뿐만 아니라, 나는 그런 중병과 싸우는 사람은 나아야 한다고 배웠다. 그래야만 그들이 하나님과 주변 사람들에게 필요한 사람이 될 수 있다. 그들은 위로와 지원과 의료적 도움이 필요하다. 그들은 정상적인 삶을 회복해야 한다.

이것이 나의 첫 번째 반응이었다. 그러나 나는 마음속 깊이, 리차드의 말이 옳다는 사실을 알고 있었다. 나는 아내가 40세에 암 진단을 받은 때, 죽음이라는 냉엄한 현실에 직면했다. 주변의 모든 것이 멈추었으며, 모든 것이 변했다. 우리는 말은 안 했지만, 하나님이 가장 큰 문제는 아내의 육신적 건강이 아니라고 말씀하고 계신다는 사실을 알고 있었다. 감사하게도, 기도와 친구들의 지원 및 의료적 도움을 받아 아내는 건강을 회복했다. 그러나 그보다 중요한 것은 하나님이 이처럼 고통스러운 경험을 통해 우리에게 한 가지 선물을 주셨다는 사실이다. 그것은 우리가 하늘로부터 오는 영원하고 견고한 것에 모든 초점을 맞추게 되었다는 것이다.

그러나 과학 시대에 사는 우리는 다른 메시지를 가지고 있다. 즉, 고통과 질병과 죽음은 반드시 물리쳐야 할 악이라는 것이다. 경이로운 현대 의학은 우리를 괴롭히는 모든 것에 맞설 수 있는 해독제라는 찬사를 받고 있으며, 약속을 붙드는 다른 치료법도 존재한다. 그런데도 우리는 나이 먹는 것은 물론, 온갖 질병에 노출된 취약한 육신과 씨름하지 않을 수 없다. 또한 우리는 건강한 몸을 소유하는 것과, 자신이나 이웃과 평화를 누리는 온전하고 의미 있는 삶을 사는 것은 별개라는 사실을 안다.

우리는 누구나 영원과 직면할 때가 온다. 그날이 오면 우리 앞에 우리의 모든 삶이 펼쳐질 것이다. 리차드는 자신의 암이 불치의 병이라는 사실을 안 순간 이런 상황을 경험했다. 그러나 그는 끔찍한 진단에도 불구하고 마치 하나님의 치유를 경험한 사람처럼 살았다. 리차드는 만나는 사람마다 우리가 분명한 양심으로 자신의 죄를 고백하고 하나님 앞에 설 때 찾아오는 자유와 평화에 대해 강조했다. 그는 "결론적으로, 치유는 우리가 회개할 때 찾아온다"고 말한 적이 있다. 그는 임종이 다가올수록 더욱 생기 있어 보였다. 그는 하나님의 뜻을 받아들였으며, 평화를 누렸다.

리차드는 어떻게 이러한 담대함과 내적 확신의 자리에 이를 수 있었는가? 그가 병이 진행될수록 더욱 견고할 수 있었던 이유는 무엇인가? 그는 이 땅에 머물렀던 마지막 수개월 동안, 여러분의 손에 들린 책나는 이 책을 그들 부부에게 보냈다을 찾아 묵상했다고 한다. 고통당하는 수많은 영혼을 위해 평생을 바친 두 명의 신앙인이 쓴 『치유하시는 하나님』은 오늘날 우리가 고통 가운데서도 더욱 온전하고 더욱 목적 있는 삶을 살 수 있게 돕는다. 이 책은 우리가 병들어 누웠을 때 가장 필요한 것이 무엇인지 보여준다.

이 책을 통해 많은 사람에게 유익을 준 블룸하르트는 누구인가? 요한 블룸하르트Johann Christoph Blumhardt, 1805-1880는 독일의 목사였다. 그는 일찍부터 하나님이 쓰시기로 한 사람이 분명해 보인다. 이런 사실은 블룸하르트가 어린 시절 친구들을 신앙으로 이끈 능력이나 완고한 청년들에게 복음을 전한 초기 사역을 보면 잘 드러난다. 블룸하르트는 슈바르츠발트Schwarzwald에서 가까운 뫼틀링엔Möttlingen의 한 작은 교구를 맡았다. 그는 이곳에서 회중에게 질병, 중독, 정신병, 그리고 귀신 들림이라는 말로 설명할 수밖에 없는 고통을 초래하는 악한 세력과 마주했다. 지역 의사들이 그에게 환자의 영혼을 누가 돌보겠느냐고 묻자, 블룸하르트는 기도와 인내와 끈기로 무장하고 그 일을 맡았다.

이 영적 전쟁은 1841년, 끊임없는 신경질환과 기괴하고 설명할 수 없는 각종 정신적 "공격"을 받고 있는 고틀리빈 디투스Gottliebin Dittus라는 한 젊은 여성을 위해 시작되었다. 블룸하르트는 2년간의 오랜 싸움 끝에 귀신의 세력을 물리치고 승리했다. 그는 어떤 일이 일어날지 전혀 예상하지 못했으나, 뫼틀링엔 마을은 밤새 전례 없는 회개 운동과 각성에 사로잡혔다. 도적 맞은 물건이 되돌아오고, 깨어진 가정이 회복되었으며, 원수가 화해하고, 알콜중독자가 고침을 받았으며, 병자가 나았다. 마을 전체가 하나님이 다스리시는 삶이 어떤 모습인지를 경험했다. 참으로 예수께서 승리하신 것이다.

소문이 퍼지자, 블룸하르트의 목사관은 치유를 위해 밀려오는 사람들을 더 이상 수용할 수 없었다. 결국 교회 감독의 제지로 목사관을 떠난 블룸하르트는 유황온천 지대로 발전된 바트 볼Bad Boll로 갔다. 바트 볼에서, 정신적, 감정적, 신체적, 영적 질환에 시달리는 수많은 사람이 치유를 받고 신앙을 회복했다.

크리스토프 블룸하르트Christoph Friedrich Blimhardt, 1842-1919는 아버지가 고틀리빈 디투스를 위해 기도 전쟁을 시작할 당시 겨우 한 살이었다. 그런데도 당시의 경험은 그가 이후 인생에서 경험하게 될 모든 것의 배경이 된다. 온 가족이 바트 볼로 옮길 때, 그의 나이는 열 살이었다. 크리스토프는 아버지와 함께 사역했으며, 아버지가 죽은 후에는 그의 일을 물려받았다.

기적적인 치유에 대한 소문으로 사역에 어려움이 있자, 크리스토프는 공식적인 설교를 중단했다. 그는 하나님의 치유 능력을 계속해서 경험했으나, 선지자와 예수님이 가장 원하신 것은 하나님이 만물을 다스리는 새로운 세상이라고 믿었다. 하나님은 속사람과 겉 사람, 개인과 사회를 모두 변화시키고 싶어 하신다.

하나님의 복음과 그의 치유 능력에 대한 나의 믿음에 블룸하르트만큼 큰 영향을 준 사람은 없다. 기적을 베푸시는 하나님에 대한 담대한 확신과 만사에 하나님의 뜻을 받아들이는 어린아이 같은 마음을 소유한 두 사람은 우리에게 육신적 상황을 넘어 예수께로 향하게 한다. 그는 우리의 육신과 영혼을 치유하고 생명을 주며 그의 나라로 인도하신다. 블룸하르트 부자에게, 하나님의 치유하시는 사랑이라는 대속의 진리는 고통 가운데 있는 우리를 위로할 뿐만 아니라 우리의 영을 새롭게 하고 우리에게 상상을 초월하는 평화를 주시는 능력이다. 그들은 우리에게 기도는 신체적 치료에 도움이 되며, 우리가 하나님의 뜻에 온전히 순종한다면 훨씬 더 큰 일도 일어날 수 있다는 확신을 준다. 이것은 특히 의학의 한계를 절감하며 고통 없는 삶이 불가능하다고 믿는 자들에게 복음이 아닐 수 없다.

내가 새로운 용기와 신선한 통찰력을 얻기 위해 계속해서 블룸하르트의 글을 찾는 이유도 여기에 있다. 또한 나는 친구나 지인 중에서 극심한 고통으로 신앙과 소망을 잃어버린 자들과 함께 블룸하르트 부자의 통찰력에 대해 나누었다. 그들은 우리에게, 사람은 종종 고통을 통해서만 하나님이 베푸시는 치료의 손길을 깨달을 수 있다는 사실을 상기시킨다. 우리가 더 이상 어쩔 수 없는 상황에 이를 때, 하나님은 우리를 고쳐주시며 질병이나 죽음은 궁극적 권세가 될 수 없다는 사실을 깨닫게 하신다.

나는 여러분이 이 책을 통해 위로를 받는 동시에, 더욱 온전히 하나님을 위해 살며 그의 뜻에 복종하라는 도전을 받을 것이라고 믿는다. 또한 나는 여러분 주변에 이 책을 통해 유익을 얻을만한 사람들이 있는지 살펴주기를 바란다. 오직 예수 안에만 실제적이고 영구한 도움이 있다. 그는 우리를 영생으로 인도하시며 만물을 회복하실 참된 치유자시다. 오직 예수만이 우리의 삶 속에 하나님의 풍성한 생명을 가져오실 수 있다.

Turning to Jesus

예수께 돌아감

1. 이중적 복음

예수께서 온 갈릴리에 두루 다니사 그들의 회당에서 가르치시며 천국 복음을 전파하시며 백성 중의 모든 병과 모든 약한 것을 고치시니 그의 소문이 온 수리아에 퍼진지라 사람들이 모든 앓는 자 곧 각종 병에 걸려서 고통 당하는 자, 귀신 들린 자, 간질하는 자, 중풍병자들을 데려오니 그들을 고치시더라 마 4:23-24.

　예수 그리스도의 복음은 두 가지 면이 있습니다. 복음은 죄를 사하는 영생의 메시지이자, 인간의 고통에 맞선 메시지입니다. 그것은 죄의 종식뿐만 아니라 고통과 사망의 종식을 선포합니다. 모든 고통은 끝날 것입니다. 그리스도의 피로 말미암아 죄가 끝나듯이, 그의 부활로 말미암아 고통도 사라질 것입니다. 예수님은 이적과 기사를 행하실 때 고통을 제거하는 복음도 선포하셨습니다.

　우리는 이 복음을 통해 영생에 대한 확신과 함께, 이 땅의 비극이 사라질 것이라는 확신을 가질 수 있습니다. 우리는 이러한 그리스도의 양면성을 분리할 수 없습니다. 우리는 십자가와 용서만 일방적으로 강조하면서 우리의 고통을 제거하는 부활의 능력을 간과해서는 안 됩니다. 그것은 구주께 온전한 순종을 하지 못하도록 우리를 흔드는 사탄의 계교입니다.

구원을 갈망하는 세상에 대해 구주께서 우리의 죄를 용서하셨다는 사실만 강조하고 다른 것은 알아서 하게 한다면, 이런 복음은 실제적인 위로가 될 수 없을 것입니다. 마찬가지로, 구주에 대해서는 기적을 행하시는 분으로만 제시하고 "안심하세요. 구주를 통해 치유를 받을 것입니다"라고 선포한다면, 결코 복음을 통한 실제적인 위로는 주지 못할 것입니다. 그렇게 되면 회개와 용서는 완전히 잊히고, 어떤 근본적 변화도 일어나지 않을 것입니다.

예수님은 죄인들이 나아오는 것을 용납하셨던 것처럼, 병든 자가 나아오는 것도 허락하셨습니다. 예수님은 죄를 용서하고 치유할 준비가 되어 있었습니다. 때로는 죄인은 보이지 않고 병자들만 나아오기도 했습니다. 그러나 예수님은 그들을 기꺼이 맞아주셨습니다. 오! 모든 나라가 복음을 들어야 할 것입니다. 병자도 나아오고 죄인도 나아와야 합니다. 그들 모두 따뜻한 환영을 받을 것입니다.

크리스토프 프리드리히 블룸하르트

2. 병자를 돌보시는 예수님

예수께서 거기서 떠나사 갈릴리 호숫가에 이르러 산에 올라가 거기 앉으시니 큰 무리가 다리 저는 사람과 장애인과 맹인과 말 못 하는 사람과 기타 여럿을 데리고 와서 예수의 발 앞에 앉히매 고쳐 주시니 말 못하는 사람이 말하고 장애인이 온전하게 되고 다리 저는 사람이 걸으며 맹인이 보는 것을 무리가 보고 놀랍게 여겨 이스라엘의 하나님께 영광을 돌리니라 마 15:29-31

큰 무리가 다리 저는 사람과 장애인과 맹인과 말 못 하는 사람과 기타 여럿을 데리고 예수의 발 앞에 앉히자 예수께서 고쳐주셨습니다. 온 마을에 예수에 대한 소문이 퍼졌습니다. 만일 우리가 그곳에 있었다면, 그래서 우리의 고통에서 벗어날 수 있다는 소문을 들었다면, 예수께 가기 위해 모든 것을 내어놓지 않을 사람이 누가 있겠습니까?

그러나, 병자가 예수 앞에 나아가기는 쉽지 않습니다. 많은 환자는 다른 사람의 도움에 의지했습니다. 그들은 병자를 생각하는 마음으로 최선을 다한 것이 분명합니다. 그럴진대, 어떻게 구주께서 그들을 받아들이지 않으시겠습니까? 그들이 예수께 나아온 이유가 잘못되었다고 그들을 덜 불쌍히 여기겠습니까?

불쌍히 여기는 마음은 그 사람의 필요만 볼 뿐입니다. 긍휼히 여기는 마음에는 어떤 비난이나 판단도 들어 있지 않습니다. 예수님은 병자에게 설교부터 하거나, 내적 상태를 점검하는 일부터 시작하지 않았습니다. 예수님은 그들에게 도대체 어떤 죄를 범해서 이런 병을 얻었는지 묻지 않았습니다. 그런 질문은 가혹할 뿐만 아니라 그에게 더 큰 상처를 주었을 것입니다.

그렇다면 우리는 왜 성급한 판단을 내립니까? 왜 그들이 깊이 뉘우치고 있는지, 기도할 준비가 되어 있는지 살피려 합니까? 예수님은 "내게 오는 자는 내가 결코 내쫓지 아니하리라"고 말씀하셨습니다. 이것이 바로 질병은 "위장된 축복"이라는 생각이 잘못된 사고일 수밖에 없는 이유입니다. 어느 것이 유익합니까? 질병입니까, 건강입니까? 구주께서 질병이 건강보다 낫다고 생각하지 않은 것은 분명합니다. 그렇지 않다면, 예수께서 병자를 치유하거나 제자들에게 병든 자를 낫게 하라는 명령을 하는 일은 없었을 것입니다.

물론 하나님은 그들이 고통을 겪을 수밖에 없는 이유를 아시며, 확실히 그들을 가장 유익한 길로 인도하십니다. 그러나 구주는 자기에게 나아오는 자를 크신 자비로 받아주십니다. 그에게 오는 자는 누구든지 즉시 나았습니다. 맹인이 보고, 말 못하는 자는 말하며, 걷지 못하는 자가 두 발을 온전히 사용할 수 있게 되었습니다. 우리는 이 사실을 기억해야 합니다. 예수께 나아온 병자와 그들을 데리고 온 사람들은 모두 큰 믿음과 소망이 있었습니다. 그들은 우리보다 훨씬 더 큰 믿음과 소망을 가지고 있었습니다. 예수님은 무한한 자비와 사랑으로 그들을 모두 고쳐주셨습니다.

요한 크리스토프 블룸하르트

3. 모든 사람을 품으시는 예수님

병을 고치는 주의 능력이 예수와 함께 하더라 눅 5:17

예수께서 어디에 계시든, 가시는 곳마다 그에게서 능력이 나와 몸과 영혼을 고치시고 온전케 하셨습니다. 진실한 마음으로 예수께 나아오는 자는 누구나 나음을 받았습니다. 그에게서 하늘의 주, 이스라엘의 하나님의 능력이 나와 치료하신 것입니다. 하나님의 아들이 이런 식으로 나타나신 사실이 놀랍지 않습니까?

하나님이 이처럼 크신 사랑으로 우리 옆에 다가오신다니 믿을 수 없습니다. 확실히 세상의 모든 것은 썩고 부패했습니다. 이 땅에 하나님을 경외하는 마음이 남아 있습니까? 경건하다고 말하는 자들의 신앙은 얼마나 위선적입니까? 성전조차 "강도의 소굴," 시장터로 변했습니다.

그러나 예수께서 오셨습니다. 그는 어떤 분이십니까? 그는 심판자로 오신 것이 아니라 사랑과 긍휼과 자비가 풍성하신 분으로 오셨습니다. 아무도 그를 두려워할 필요가 없습니다. 누구든지 나올 수 있습니다. 악한 자도 죄인도 세리도 소망이 있습니다. 예수께 나아오는 자는 모두 고침을 받고 평안을 누릴 것입니다. 그들은 사람으로 오신 하나님의 대사가 자신을 찾아 주신 것에 기뻐할 것입니다.

우리 주님은 자신에게 나아온 모든 사람에게 지극한 사랑과 선을 베푸시기 때문에 그가 참으로 하나님에게서 오신 분임을 알 수 있습니다. 그보다 큰 자가 있습니까? 이 나사렛사람이 하나님에게서 오신 분이라는 사실을 아는 것보다 놀라운 일이 있습니까? 달리 누가 우리의 근원적 필요를 채워줄 수 있겠습니까? 예수님보다 위대하거나 장엄하거나 영광스러운 어떤 존재가 하늘로부터 올 수 있겠습니까? "말씀이 육신이 되어 우리 가운데 거하시매 우리가 그의 영광을 보니 아버지의 독생자의 영광이요 은혜와 진리가 충만하더라"요 1:14고 했습니다. 그가 예수님이십니다.

예수님은 오늘날에도 우리의 구주가 되십니다. 그러므로 모든 사람에게 소망이 있습니다. 아무도 그의 인내와 사랑에 대해 절망하거나 의심할 필요가 없습니다. 여러분이 누구든, 예수께 나아올 수 있습니다. 그러나 여러분은 나아와야 합니다. 은혜와 자비를 기대하며 나아오십시오. 여러분은 그의 선하심을 풍성히 맛볼 것입니다. 이와 같은 고난의 때에도 여러분은 그의 자비를 깨닫게 될 것이며, 지금이야말로 하나님이 "모든 눈물을 그 눈에서 닦아 주시니 다시는 사망이 없고 애통하는 것이나 곡하는 것이나 아픈 것이 다시 있지 아니하리니 처

음 것들이 다 지나갔음이러라"계 21:4는 말씀이 응할 때임을 알
게 될 것입니다. 이 놀라운 소망을 주신 그를 찬양하시기 바랍
니다.

요한 크리스토프 블룸하르트

4. 있는 모습 그대로 나아오라

예수께서 배에 오르사 건너가 본 동네에 이르시니 침상에 누운 중풍 병자를 사람들이 데리고 오거늘 예수께서 그들의 믿음을 보시고 중 풍병자에게 이르시되 작은 자야 안심하라 네 죄 사함을 받았느니라 어떤 서기관들이 속으로 이르되 이 사람이 신성을 모독하도다 예수 께서 그 생각을 아시고 이르시되 너희가 어찌하여 마음에 악한 생각 을 하느냐 네 죄 사함을 받았느니라 하는 말과 일어나 걸어가라 하는 말 중에 어느 것이 쉽겠느냐 그러나 인자가 세상에서 죄를 사하는 권 능이 있는 줄을 너희로 알게 하려 하노라 하시고 중풍병자에게 말씀 하시되 일어나 네 침상을 가지고 집으로 가라 하시니 그가 일어나 집 으로 돌아가거늘 무리가 보고 두려워하며 이런 권능을 사람에게 주 신 하나님께 영광을 돌리니라 마9:1-8

중풍병자 이야기는 우리가 처한 상황을 상기시켜줍니다. 왜 냐하면 망가지지 않은 사람은 없기 때문입니다. 신체적인 불구 는 아니라 할지라도, 우리는 모두 죄로 말미암아 전신이 망가 진 상태입니다. 부패하고 썩은 세력이 알게 모르게 우리의 영 혼을 갉아먹고 우리의 신체를 잠식하고 있습니다. 우리의 영은 육신의 소욕에 사로잡혔습니다. 우리 가운데 많은 사람은 간신히 버티며 살고 있습니다. 우리는 헛된 삶을 살았거나, 고상한 본질에 대해 전적으로 무감각한 상태에 있습니다. 우리의 머리로는 도저히 신적인 것들을 이해할 수 없으며, 영원한 가치가 있는 것들은 우리를 피해갔습니다.

우리는 중풍병자가 그랬던 것처럼, 죽음과 부패가 우리를 완전히 끝장낼 때까지 기다리고 있어서는 안 될 것입니다. 예수님은 우리가 자신의 비참한 상태를 깨달을 수 있게 하셨으며, 이러한 깨달음을 통해 고침을 받게 하셨습니다. 그러나 우리는 어떤 식으로든 고통을 받고 있다는 사실을 숨기지 않아야 합니다. 모든 사람이 이러한 고통 가운데 있다는 것은 분명합니다. 그것은 우리가 실제적이든 상상 속이든 도움이 있거나 어떤 식의 도움이라도 있는 것처럼 보이면 버선발로 달려 나간다는 사실을 보면 잘 알 수 있습니다. 병자와 장애인을 위한 시설이 세워지는 곳이면 어디든, 즉시 수많은 인파가 몰립니다. 그러나 이런 인간적 도움은 예수께서 행하신 능력에 비하면 아무것도 아닙니다. 그가 손을 대면, 생명을 주는 능력이 솟아 나옵니다.

사랑하는 여러분이여, 이제 예수께서 일하시게 해야 합니다. 그가 당신의 고통을 통해 당신을 빛으로 인도하시게 합시다. 당신을 고통스럽게 하는 것을 숨기지 마십시오. 참으로 우리는 예수를 통해 우리의 내면을 더욱 깊이 들여다보고 우리를 괴롭게 하는 것이 무엇인지 스스로 물어볼 수 있습니다. 우리는 몸과 마음이 만신창이가 된 가난하고 연약하며 비참한 인간이지만, 그리스도를 통해 빛으로 향할 수 있습니다.

　자신의 필요를 감추고 아무것도 아닌 것처럼 무시해서는 안 됩니다. 그것은 용감한 태도처럼 보이지만, 아무런 도움이 되지 못하며 하나님을 기쁘시게 할 수도 없습니다. 오히려 우리는 중풍병자처럼 자신의 모습을 있는 그대로 드러내어야 합니다. 강한 척하는 대신, 자신의 비참함을 인정하고 하나님 앞에 털어놓읍시다. 구주는 우리가 내면에 있는 잘못된 모든 것을 드러내고 치료받기를 원하십니다. 그럴 때만이, 중풍병자 주변에 모인 자들처럼 우리 주변의 모든 사람이 하나님을 두려워하며 영광을 돌릴 것입니다.

　중풍병자는 그리스도 앞으로 나아왔습니다. 우리도 그렇게 할 수 있습니다. 제 발로 나오든, 다른 사람의 도움을 받아 나오든, 나올 생각이 없는데 억지로 끌려 나오든, 그리스도 앞으로 나올 수 있습니다. 구주께서 나타나시면 수많은 능력을 행하실 수 있습니다. 모든 잘못이 하나님 앞에 드러나게 될 것입니다.

　그리스도 앞에 선다는 것은, 비록 심판의 눈으로 보실지라도, 얼마나 복된 일인지 모릅니다. 예수 앞에 있는 중풍병자가 그랬습니다. 그는 두려워 떨었으나, 그의 떨림은 친구들의 보살핌을 받는 것이 당연하며 더는 바로잡을 것이 없는 것처럼 침상에 드러누워 만족하는 것보다 훨씬 진실합니다.

　예수께서 임하시면, 진실이 드러날 수밖에 없습니다. 우리는 오직 인간의 동정심만 바라보고 있어서는 안 됩니다. 게다가 마지막 날에는 아무것도 감출 수 없습니다. 그리스도께서 불꽃 같은 눈으로 우리를 보시고 여전히 어둡고 악한 우리의 속사람을 분별하실 것입니다.

예수님은 결코 죄에 대해 관대하지 않습니다. 아니, 매우 엄격하십니다. 예수님은 엄중한 책망과 함께 자신의 타작마당을 정하게 하실 것입니다. 그는 알곡과 쭉정이를 구별하시고 마음의 생각과 뜻을 판단하실 것입니다. 그의 은혜는 육신의 악한 본성을 멸할 것이며, 수치를 숨겨줄 옷은 허락되지 않을 것입니다. 하나님은 사랑을 나타내시지만, 그것은 우리가 모든 것을 녹이는 구주의 불 속으로 들어올 때입니다. 우리는 이것을 두려워해서는 안 됩니다. 하나님의 공의는 모든 것을 바로잡는 정의이기 때문입니다.

우리가 자신을 연약하고 비참한 존재로 느낀다고 해서 모든 것을 잃는 것은 아닙니다. 우리가 정직하다면, 사람이 붙들 수 있는 것은 아무것도 없다는 사실을 알 것입니다. 아무리 옳은 것이나 선한 것이 있다고 해도, 그것조차 순수하지 않다는 사실을 인정해야 합니다. 우리에게 가장 필요한 것은 완전히 새롭게 시작하는 것이며, 깨어지고 망가진 채로 심판의 주 앞으로 나오는 것입니다. 우리는 그가 우리 안에서 완전히 살아계실 때까지 자랑할 것이 없습니다. 오직 그때만이 치유함을 받을 수 있습니다.

크리스토프 프리드리히 블룸하르트

5. 우리의 짐을 지시는 예수님

저물매 사람들이 귀신 들린 자를 많이 데리고 예수께 오거늘 예수께
서 말씀으로 귀신들을 쫓아 내시고 병든 자들을 다 고치시니 이는 선
지자 이사야를 통하여 하신 말씀에 우리의 연약한 것을 친히 담당하
시고 병을 짊어지셨도다 함을 이루려 하심이더라 마 8:16-17

예수님 당시나 지금이나 세상의 빈곤과 질고의 무게는 아무
리 강조해도 지나침이 없을 것입니다. 구주는 모든 질병은 물
론 귀신 들린 자들도 고치셨습니다. 다른 영이 들어와 거칠고
사납게 하며 소리 지르게 함으로써 온 집안에 큰 고통을 안겨
주고 아무도 제어할 수 없게 된 자들이 그에게 나아왔습니다.

이것이 당시의 상황이라면, 오늘날 소위 정신적으로 문제가
있는 사람들이 얼마나 많은지 생각해보십시오. 그러나 그들이
귀신 들렸다고 말하는 사람은 거의 없습니다. 하지만 우리는
당시에 예수께 나아온 많은 자들이 귀신 들린 자라는 사실을
염두에 두지 않을 수 없습니다. 오늘날 우리 가운데는 같은 병
에 시달리는 사람이 무수히 많습니다.

그러나 우리는 성경을 통해 예수께서 사람들을 압박하는 영

들을 어떻게 제압하셨는지 읽습니다. 예수님은 그들을 말씀으로 쫓아내셨습니다. 마태에 따르면 이 모든 일은 선지자 이사야를 통해 주신 "우리의 연약한 것을 친히 담당하시고 병을 짊어지셨도다"라는 말씀을 이루기 위한 것입니다.

이사야 본문은 문자적으로 "그는 실로 우리의 질고를 지고 우리의 슬픔을 당하였거늘"^{사 53:4}입니다. 이사야는 질병보다 죄에서의 자유에 초점을 맞추었습니다. 그러나 중요한 것은 마태가 병에 대해서도 언급했다는 사실입니다. 확실히 여호와의 종은 우리의 '모든' 슬픔을 지셨습니다. 예수님은 우리의 질고를 담당하심으로 우리의 연약함을 짊어지신 것입니다. 이것은 마치 예수께서 환자의 병을 자신의 병으로 짊어지고 치유의 권세를 주신 아버지 앞에 그를 대신하여 서셨다는 말씀처럼 들립니다.

우리는 서로를 위해 중보기도 할 때마다 이와 유사한 상황을 경험합니다. 우리는 다른 사람의 병을 대신 지고 마치 자신이 아픈 것처럼 기도합니다. 우리가 서로를 깊이 생각하고 서로의 고통을 나누어질 때, 즉 우리가 서로를 진정으로 측은히 여긴다면, 하나님에 대한 우리의 중보는 진실할 것입니다.

우리의 소명은 자비가 풍성하신 예수를 나타내는 것입니다. 우리가 하는 일은 모두 그의 이름으로, 그리고 그의 영을 통해 행해져야 할 것입니다. "너희가 짐을 서로 지라 그리하여 그리스도의 법을 성취하라"^{갈 6:2}. 그러나 우리는 주의해야 합니다.

중보를 포함하여 자기 힘으로 하는 모든 일은 아무런 가치가 없기 때문입니다.

우리는 참으로 예수께서 약속하시고 그의 피로 인치신 그것, 즉 육신의 질병을 포함하여 모든 상처를 치유하시는 하나님의 구원 능력을 우리가 온전히 소유하는 날이 이르기를 간절히 바랍니다. 이 약속은 그를 찾는 모든 자에게 주신 것입니다.

요한 크리스토프 블룸하르트

6. 치유를 원하시는 예수님

예수께서 산에서 내려 오시니 수많은 무리가 따르니라 한 나병환자
가 나아와 절하며 이르되 주여 원하시면 저를 깨끗하게 하실 수 있나
이다 하거늘 예수께서 손을 내밀어 그에게 대시며 이르시되 내가 원
하노니 깨끗함을 받으라 하시니 즉시 그의 나병이 깨끗하여진지라 마
8:1-3

한 나병환자가 예수께 나아왔습니다. 당시 나병은 가장 고
치기 어려운 불치병이었음에도 그는 예수께서 자신을 도와줄
수 있다고 확신했습니다. 이것은 참으로 어려운 일이었습니다.
인간의 모든 지혜는 이 비참한 사람의 단순한 생각에 훨씬 미
치지 못합니다. 흉측한 외모에 날마다 고통 가운데 있는 이 불
쌍한 사람은 하나님의 위대하심과 권능을 알았습니다. 하나님
을 이렇게 생각하는 자는 누구나 그에게 나아왔습니다. 우리는
가장 불쌍한 사람 가운데 하나가 그런 확신을 가지고 하나님
앞에 선 모습에 신성한 경외감을 가져야 할 것입니다.

그는 "주여 원하시면 저를 깨끗하게 하실 수 있나이다"라고
말했습니다. 그의 생각처럼, 그리스도는 능력에 부족함이 없
습니다. 그는 하나님으로부터 오셨기 때문에 능력이 무한하십

니다. 이제 모든 것은 전적으로 예수께서 그러한 능력을 사용하실 것인가에 달렸습니다. "원하시면"은 "불쌍히 여기신다면, 불쌍히 여기는 마음이 있다면, 당신은 그런 자비심이 있는 것이 분명합니다, 당신은 원하시면 그 일을 할 수 있습니다. 나를 돕는데 무엇이 더 필요하겠습니까"라는 뜻입니다. 이런 고상한 생각은 결코 헛수고가 되지 않을 것입니다.

주님은 "내가 원하노니 깨끗함을 받으라"고 말씀했습니다. 보십시오. 나병이 어디로 갔습니까? 나병은 더 이상 그곳에 존재하지 않습니다. 그것은 사라졌습니다. 우리가 나병환자처럼 어린아이와 같은 순전한 마음을 가진다면, 하나님이 개입하실 것입니다. 그는 모든 사람이 그의 위대하심과 권능을 신뢰할 수 있게 자신을 드러내고 싶어 하십니다.

우리는 주께서 원하시면 무엇이든 하실 수 있다는 사실을 믿어야 합니다. 그러나 겟세마네 동산에서 주님은 "나의 원대로 마시옵고 아버지의 원대로 하옵소서"라고 기도했습니다. 예수님은 자신이 고난의 잔을 마셔야 한다는 사실을 알고 계셨으나 잔을 옮겨달라고 기도했던 것입니다. 이어서 천사가 나타나 힘을 더했습니다. 마찬가지로, 우리가 간절히 기도하면 우리에게 주어진 짐을 질 수 있도록 천사가 조용히 힘을 더할 것입니다. 종종 있는 일이지만 주님은 우리가 구한 것 이상으로, 때로는 생각하지도 못한 것까지 주십니다.

우리가 어린아이같이 순전한 믿음으로 끊임없이 기도하면

하나님의 뜻에 합당한 한, 주님은 우리가 볼 수 있도록 행동과 기적을 통해 그의 영광을 드러내실 것입니다. "원하시면 하실 수 있습니다"는 그를 경외하는 모든 사람의 기도입니다. 그리고 주님은 그의 크신 지혜로 "내가 원하노니"라고 말씀하실 것입니다.

요한 크리스토프 블룸하르트

7. 그는 지금도 일하신다

그가 두루 다니시며 선한 일을 행하시고 마귀에게 눌린 모든 사람을
고치셨으니 이는 하나님이 함께 하셨음이라행 10:38

예수님은 사람들이 도움을 청하러 왔을 때 형식을 차리거나
절차를 요구하지 않았습니다. 도와달라는 한 마디면 충분했습
니다. 또한 예수님은 거만한 모습으로 어떤 곳으로 떠나 사람
들이 와서 도움을 청하게 하지도 않았습니다. 그는 주변을 다
니며 외롭고 비참한 상태에 있는 자, 영육 간에 고통을 당하고
있는 자들을 찾아가 그들을 부르셨습니다. "수고하고 무거운
짐 진 자들아 다 내게로 오라 내가 너희를 쉬게 하리라"마 11:28.
예수님은 아무도 도와줄 수 없는 자들을 도와주는 구주로 오셨
습니다.

예수께서 누구를 변화시킨 적이 있습니까? 결코 없습니다.
그는 여기저기 다니시며 치유와 선한 일을 행하심으로 후세 사
람들이 그를 신뢰하게 했으며 고통 가운데 있는 자들이 어디로
가야 도움을 받을 수 있는지 알게 하셨을 뿐입니다. 예수님은
지금도 놀라운 일을 하고 계십니다. 그는 눈에 띄지 않지만 여

전히 "두루 다니시며 선한 일을 행하시고... 고치십니다." 예수님은 빈곤과 고통 가운데 있는 자에게 다가가심으로, 그가 우리를 도울 수 있는 분이심을 우리도 직접 체험하게 하십니다. 예수님은 오늘도 치유와 선한 일을 행하십니다. 문제는 '우리가 그에게 나아갈 것인가'라는 것입니다.

요한 크리스토프 블룸하르트

8. 당신은 혼자가 아니다

우리에게 있는 대제사장은 우리의 연약함을 동정하지 못하실 이가
아니요 모든 일에 우리와 똑같이 시험을 받으신 이로되 죄는 없으시
니라 그러므로 우리는 긍휼하심을 받고 때를 따라 돕는 은혜를 얻기
위하여 은혜의 보좌 앞에 담대히 나아갈 것이니라 히 4:15-16

살다 보면 기도조차 할 수 없을 만큼 힘든 시기가 찾아옵니
다. 그 시기에는 믿음도 사라진 것처럼 생각될 것입니다. 구주
는 멀리 떠나 계시고 당신은 더 이상 구주에게 속하지 않거나,
처음부터 바른 궤도에 들어선 적조차 없는 것처럼 보일 것입니
다. 그것은 마치 지옥과 같을 것이며, 두려움과 상실감으로 가
득할 것입니다. 어쩌면 차라리 태어나지 말았으면 하는 생각마
저 들 것입니다. 고통은 극심하고 암담한 미래는 아무런 빛도
보이지 않을 것입니다.

나는 여러분의 영혼에서 모든 어둠이 제거되었다는 식으로
위로하고 싶은 마음이 간절합니다. 그러나 그런 고통은 한 번
에 사라지는 것이 아닙니다. 그러기 위해서는 오랜 은혜의 시
간을 기다려야 합니다. 그러나 여러분이 잠잠히 기다리며 구주

에게 소망을 두기만 한다면. 지금도 구주는 여러분에게 많은 것을 베푸실 수 있습니다. 여러분이 자신의 상황에 대해 어린아이처럼 순전한 마음을 가진다면, 내면의 부정적 소리에도 불구하고 모든 것을 잃었다는 생각은 들지 않을 것입니다. 구주는 여전히 그 자리에서 당신을 위로하고 계십니다. 잠잠히 기다리는 것이 불가능하다고 해도 걱정할 필요 없습니다. 이 상황은 돌이킬 수 없는 것이 아니기 때문입니다. 무능함은 죄가 아닙니다. 구주는 단지 당신의 한숨 때문이라도 당신을 사랑하십니다.

기억하십시오. 당신의 몸 속에 들어오신 예수님은 당신의 필요를 체감하심으로 하나님이 여러분의 고통에 무관심하지 않다는 사실을 깨닫게 하실 것입니다. 당신은 탄식하며, 눈물을 흘리며, 절망하며, 구주에 대해 슬퍼할 수 있습니다. 아무래도 좋습니다. 여러분이 바른길에 서 있기만 하면 상관없습니다. 구주는 "바른 명분을 가진 자는 복이 있나니"라고 말씀하시지 않고 "심령이 가난한 자는 복이 있나니, 애통하는 자는 복이 있나니"마 5:3-4라고 말씀하셨습니다.

여러분이 구주를 느낄 수 없다면, 그를 더욱 확실히 믿으십시오. 하나님의 사랑에 가장 근접한 자는 보지 않고 믿는 자입니다요 20:29. 느끼지 않고 믿는 자도 마찬가지입니다. 대적은 종종 우리의 감정을 공격하지만, 우리의 믿음을 건드리지는 못합니다. 마귀는 당신이 포기하지 않는 한 당신의 믿음을 가질 수 없습니다.

여러분은 때때로 믿음이 없다고 느낄 것입니다. 그러나 여러분은 마음 깊은 곳에서 여전히 믿고 있습니다. 그렇다면 당신의 믿음을 믿으십시오. 상황은 훨씬 나아질 것입니다. 그리스도는 숨어 있는 것처럼 보일지라도, 여전히 그곳에 계십니다. 지옥 같은 상황조차 두려워할 필요 없습니다. 그는 그곳에도 계시기 때문입니다. 탄식 가운데 잠잠히 기다리는 자는 결코 잃어버림을 당하지 않을 것입니다. 주께서 영광을 나타내신 것은 우리를 위함입니다. 구주는 우리를 위해 간구하시며롬 8:34 당신이 간절한 마음으로 기다린다면 반드시 도우신다는 사실을 기억하시기 바랍니다.

요한 크리스토프 블룸하르트

9. 우리를 위해 싸우시는 예수님

사람들이 귀 먹고 말 더듬는 자를 데리고 예수께 나아와 안수하여 주시기를 간구하거늘 예수께서 그 사람을 따로 데리고 무리를 떠나사 손가락을 그의 양 귀에 넣고 침을 뱉어 그의 혀에 손을 대시며 하늘을 우러러 탄식하시며 그에게 이르시되 에바다 하시니 이는 열리라는 뜻이라 그의 귀가 열리고 혀가 맺힌 것이 곧 풀려 말이 분명하여졌더라 막 7:32-35

구주는 우리를 위한 전사로 우리 가운데 계십니다. 그는 하늘에 계신 아버지를 향해 탄식하시며 큰 소리로 "에바다, 열려라"라고 외치십니다. 아마도 예수께 나아왔던 자는 그에게 나오기를 주저했을 것입니다. 그는 구주께서 따로 데려가 귀에 손을 넣자 영문도 모른 채 불안해했을 것입니다. 그러나 그때 갑자기 "에바다"라는 외침과 함께 그의 귀가 열리고 말이 분명해졌습니다. 그는 또렷한 음성으로 "소문은 사실이다. 예수는 죄와 고통을 끝내신 주님이시다. 나는 그것을 분명히 경험했다. 하나님께 감사하며 영광을 돌리라!"고 외칠 수 있었습니다.

사랑하는 여러분이여, 세계 역사는 이 "에바다"와 함께 끝날 것입니다. 구주는 지금도 우리가 귀로 듣고 있는 복음을 살아 있는 행위로 실제화하는 일을 계속하고 계십니다. 그러나 한편으로 구주는 우리에게 개인적으로 다가오셔야 하며, 아버지의 보좌 앞에서 우리를 위해 은밀히 간구하셔야만 합니다. 그리고 마침내, 가장 위대한 "에바다"가 임하여 온 세상을 뒤흔들 것입니다.

지금은 모든 것이 감추어져 있습니다. 당분간 그럴 것입니다. 예수님의 승리는 크면 클수록 더욱 은밀히 이루어집니다. 구주께서 이 사람을 따로 데려가신 것은 장차 구주께서 온 인류를 어떤 식으로 데려갈 것인지를 보여주는 좋은 사례입니다. 예수님은 조용하면서도 엄숙히, 인류를 아버지의 보좌 앞으로 데려갈 것입니다.

그러므로 하나님의 제사장 직무를 맡은 우리는 고통 가운데 있는 자를 그의 발 앞으로 데려가야 합니다. 우리는 그에게 부르짖어야 합니다. "사랑하는 구주여, 당신은 주님이십니다. 우리는 당신만이 주가 되심을 알기 때문에 많은 사람이 거짓 신들을 따르는 것을 견디지 못하여 이 자리에 나아왔습니다. 우리는 당신을 가만히 내버려 두지 않을 것입니다. 왜냐하면 당신은 하늘에 계신 아버지 앞에서 우리를 돕는 대언자로 오셨기 때문입니다." 우리는 이런 식으로 그에게 간구해야 합니다. 이것은 교회로서 우리의 사명입니다.

오, 사랑하는 여러분이여, 나는 많은 그리스도인이 죄와 고통으로 인해 더는 사람들을 구주께 데려가지 못하는 것을 볼 때마다 참으로 마음이 아팠습니다. 우리는 죄인들과 구주 사이에 하늘의 문이 닫히게 해서는 안 될 것입니다. 이 문은 고통당하는 모든 자, 모든 환자에게 열려 있어야 합니다. 이 문이 없었다면, 내가 복음을 믿을 수 있었을는지 모르겠습니다.

이 문이 우리 가운데 견고히 설 수 있게 합시다. 그렇게 함으로써, 우리는 장차 임할 위대한 "에바다"를 위한 사역에 힘을 보탤 수 있을 것입니다. 십자가에서 돌아가시고 부활하신 그분을 향한 마음이 크면 클수록 마지막 날의 "에바다"는 더욱 크고 장엄할 것이며, 마치 태초에 하나님이 "빛이 있으라"고 말씀하실 때와 같을 것입니다. 우리는 어느 날 반드시 "에바다, 열려라"라는 외침을 듣게 될 것입니다.

크리스토프 프리드리히 블룸하르트

Trusting Jesus

예수를 신뢰함

10. 내려놓아야 할 때

그가 또 가인의 아우 아벨을 낳았는데 아벨은 양 치는 자였고 가인은
농사하는 자였더라 세월이 지난 후에 가인은 땅의 소산[의 일부]으
로 제물을 삼아 여호와께 드렸고 아벨은 자기도 양의 첫 새끼와 그
기름으로 드렸더니 여호와께서 아벨과 그의 제물은 받으셨으나 가
인과 그의 제물은 받지 아니하신지라 가인이 몹시 분하여 안색이 변
하니 창 4:2-5

기도에는 희생이 따라야 합니다. 우리는 먼저 무엇인가를 포
기해야 합니다. 그것이 바로 아벨과 가인의 차이점입니다. 아
벨은 자신과 자신이 가진 모든 것, 즉 기름까지 제물로 바쳤습
니다. 그러나 가인은 일부를 자신의 몫으로 남겨두었으며, 바
친 것에 대한 대가를 기대했습니다. 두 사람 간에는 이처럼 큰
차이가 있었던 것입니다.

우리의 봉헌은 이기적일 수도 있고 진정한 희생일 수도 있
습니다. 기도도 마찬가집니다. 우리는 이기적인 기도를 할 수
도 있고 진정한 희생의 기도를 할 수도 있습니다. 어떤 사람은
오로지 자기만 생각하며, 은근히 하나님에게서 최대한 많이 얻
기를 바라며 기도합니다. 그러나 다른 사람은 자신을 생각하는

것이 아니라 오직 하나님께 사로잡히기만 기도합니다. 여기서도 큰 차이가 나타납니다.

우리는 때때로 내 힘으로 감당할 수 없는 상황에 직면하여 두려움에 떨기도 합니다. 우리는 가인처럼 공포에 사로잡혀 기도하며 제물을 바칩니다. 그러나 우리가 그렇게 하는 것은 단지 신속한 도움을 받고 두려움에서 벗어나기 위해서입니다. 우리는 잠시 몸을 낮추어 "하나님이시여, 나를 도우소서"라고 부르짖습니다. 그러나 그 후에는 다시 옛사람으로 돌아가 같은 삶을 반복합니다. 우리는 다시 한번 집과 건강과 재산과 소유를 되찾고, 자신의 것을 더욱 잘 돌볼 수 있을 것입니다. 어쩌면 예전처럼 기회가 될 때마다 "자비하신 하나님이며, 당신이 없으면 이러한 평안을 누리지 못했을 것입니다"라고 감사할 것입니다. 그러나 그러는 동안 우리는 이기심에 완전히 사로잡히고 만다는 것입니다.

우리가 기도할 때, 봉헌물이나 제물로 무엇을 바쳤는지는 중요하지 않습니다. 구약시대도 마찬가지입니다. 어린 비둘기를 바쳤느냐 황소를 바쳤느냐는 중요하지 않습니다. 하나님은 바친 것이 많으냐 적으냐를 문제 삼지 않습니다. 중요한 것은 이기적인 마음으로 바쳤느냐, 자발적인 마음으로 기꺼이 바쳤느냐는 것입니다. 오늘날에도 이기적인 기도냐 진정한 희생적 기도냐는 매우 중요합니다.

조심해야 합니다. 하나님은 이기적인 마음으로 드리는 기도나 제물을 원하지 않습니다. 하나님과 이 땅에 있는 그의 나라를 위해 자신을 희생하지 않는 한, 우리의 신앙은 조악한 모래성처럼 다시 무너지고 말 것입니다. 자신의 사사로운 문제를 위한 기도는 아무런 쓸모가 없습니다. 그것은 하나님을 위한 사역에 유익이 되지 않습니다. 그런 기도는 아벨이 가인의 손에 죽었듯이, 진정한 기도를 죽일 것입니다. 깨닫기를 바랍니다. 모든 것은 하나님이 우리를 온전히 소유하셨느냐의 여부에 달려 있습니다. 그러므로 자신의 전부를 하나님께 온전히 바쳐야 합니다. 이것만이 진정한 희생입니다.

크리스토프 프리드리히 블룸하르트

11. 하나님의 뜻이 최선이다

들으라 너희 중에 말하기를 오늘이나 내일이나 우리가 어떤 도시에 가서 거기서 일 년을 머물며 장사하여 이익을 보리라 하는 자들아 내일 일을 너희가 알지 못하는도다 너희 생명이 무엇이냐 너희는 잠깐 보이다가 없어지는 안개니라 너희가 도리어 말하기를 주의 뜻이면 우리가 살기도 하고 이것이나 저것을 하리라 할 것이거늘 이제도 너희가 허탄한 자랑을 하니 그러한 자랑은 다 악한 것이라 그러므로 사람이 선을 행할 줄 알고도 행하지 아니하면 죄니라약 4:13-17

우리는 하나님께 어떻게 해야 할지 물어서는 안 됩니다. 더구나 주께서 기도에 응답하실 때까지 끈질기게 매달리는 것은 더욱 금해야 할 일입니다. 그런 "신념"은 하나님에 대한 저항이나 반항일 수 있습니다. 설사 "주의 뜻이면"이라는 말을 붙인다고 해도 위선에 불과합니다. 솔직하게 말하면, 우리는 속으로 이미 결정을 내려놓고 이런 표현을 사용할 때가 많습니다. 하나님의 뜻이 정말로 이루어지기를 원하는 것은 아니라는 것입니다.

우리는 하나님의 뜻이 이루어지기를 기도할 때, 그 뜻을 아무 조건 없이 진심으로 받아들일 준비가 되어 있어야 합니다. 특히 병세가 점차 악화하고 있는 상태에서, 자신이나 다른 사람의 건강을 회복되게 해 달라고 끊임없이 기도하는 것은 옳지 않습니다. 이와 같은 끈질긴 기도는 누구에게도특히 병상에 누워있는 당사자에게 도움이 되지 않습니다. 그런 기도는 우리의 긴장과 불안을 더욱 강하게 조성하고 영적인 삶을 방해할 뿐입니다.

이것은 무조건 포기해야 한다는 말이 아닙니다. 하나님은 최종적 도움을 제공하시기 전에 병세를 악화시키기도 하십니다이유는 하나님이 아십니다. 내가 말하는 것은 우리가 치유와 건강을 위해 기도할 때, 더욱 차분하고 순종적이어야 한다는 것입니다. 중요한 것은 하나님의 뜻입니다. 진정한 받아들임과 순종은, 모든 것을 그의 손에 맡김으로써 그의 도움이 언제, 어떤 식으로 임할 것인지를 전적으로 하나님께 일임하는 것입니다.

또한 생사에 대해서는 많은 말을 하지 않은 것이 좋습니다. 우리의 삶은 마치 안개와 같습니다. 우리는 여기서 더욱 차분해야 하며, 하나님의 생각이 무엇이든 잠잠히 기다려야 합니다. 죽음이 찾아와 우리의 문을 두드리면, 살든지 죽든지빌 1:20-26 마음을 정리해야 합니다. 다른 사람이 유사한 상황에 놓인 것을 알았다면, 그에게 하나님의 뜻그것이 무엇이든을 받아들이게 해야 합니다. 우리는 내일 일을 모릅니다. 그러므로 우리는 항상 마음의 준비를 해야 합니다. 그러면 문제 될 것이 없습니다. 하나님은 겸손한 자에게 은혜를 베푸십니다. 가장 겸손히 하나님의 뜻을 행하는 자가 가장 풍성한 은혜를 받을 것입니다.

요한 크리스토프 블룸하르트

12. 하나님이 기다리시는 이유

그러나 여호와께서 기다리시나니 이는 너희에게 은혜를 베풀려 하심이요 일어나시리니 이는 너희를 긍휼히 여기려 하심이라 대저 여호와는 정의의 하나님이심이라 그를 기다리는 자마다 복이 있도다사 30:18

때로는 하나님이 자기 백성을 잊어버리고 더는 돌보지 않으시는 것처럼 보일 때가 있습니다. 고대 이스라엘 백성은 그런 식으로 생각하고 말했습니다. 아무리 은혜를 부르짖어도 도움의 손길은 나타나지 않고, 일촉즉발의 위기 상황이 닥쳐왔습니다.

그러나 선지자 이사야는 이스라엘 백성에게 하나님은 은혜를 중단하신 것이 아니라 계속해서 은혜 베풀기를 원하신다고 말합니다. 그들이 초조해하는 만큼, 하나님은 말하자면 은혜 베푸시기에 초조해하십니다. 그는 실제로 은혜 베풀기를 원하십니다. 하나님은 그들에 대해 무관심하신 것이 아닙니다. 그들에게 다시 은혜를 베풀 때까지 기다리는 것은 하나님에게도 고통스러운 일이 아닐 수 없습니다.

무슨 말입니까? 하나님이 은혜 베풀기를 기다리신다면 틀림

없이 이유가 있을 것이며, 그리고 그 이유는 우리에게 있음이 분명합니다. 하나님은 우리 안에서 무엇인가 옳지 않은 것을 보셨습니다. 그것이 그의 은혜를 가로막고 있었던 것입니다. 따라서 하나님은 이 장애물이 제거되기를 기다리고 계십니다. 그러나 이스라엘은 즉시 다른 곳을 향했습니다. 그들은 주변국이나 다른 신들에게서 거짓 도움을 찾았습니다. 그렇다면 하나님이 어떻게 그들에게 은혜를 베풀고 도울 수 있겠습니까? 그러나 하나님은 여전히 자비를 베풀고 싶어 하십니다. 우리는 불안할 때 온갖 수단을 동원하지만, 결국 평안을 찾지 못하고 오히려 하나님에게서 점점 멀어져 갑니다. 그러나 하나님은 우리에게 복 주시기 원하십니다. 그는 우리의 온전한 마음과 변치 않는 신뢰를 원하시며, 그렇게 하심으로 다시 은혜를 베풀고 싶어 하십니다. 그러나 우리가 마음을 온전히 드리지 않기 때문에 하나님은 기다리실 수밖에 없으며, 우리도 비참한 가운데 기다려야만 하는 것이다.

아! 하나님을 더 이상 기다리지 않게 함으로써 우리가 그렇게 열망하는 도움을 받을 수 있다면 얼마나 좋겠습니까? 참으로 하나님은 우리에게 자비를 베풀 준비가 되어 있습니다.

오 주여, 우리에게 자비를 베푸소서. 우리를 돕지 못하게 당신의 은혜를 가로막고 있는 모든 것을 제거해 주옵소서. 아멘.

요한 크리스토프 블룸하르트

13. 당신의 마음을 주께 드리라

내 아들아 네 마음을 내게 주며 네 눈으로 내 길을 즐거워할지어다잠
23:26

주께서 우리에게 궁극적으로 원하시는 것은 무엇입니까? 우리의 마음입니다. 가끔 반짝이는 품위 있는 행동이나 삶, 자신의 미덕과 성취에 대한 만족, 존경받는 인생, 이런 것들은 주께서 원하시는 것이 아닙니다. 하나님은 여러분의 마음, 여러분 자신, 여러분의 진정한 자아를 원하십니다. 결국 중요한 것은 당신이 은혜의 주를 사랑하느냐, 그리고 그가 당신의 마음을 온전히 소유하느냐는 것입니다.

선을 추구하는 마음은 하나님을 향하게 되어 있습니다. 그런 마음은 은혜의 기적을 통해 행복해집니다. 하나님의 은혜는 언제나 그를 찾는 자에게 주어집니다. 이러한 도움이 올 때 당신의 마음은 더욱 큰 사랑으로 넘쳐날 것이며, 여러분을 결박하고 진실에서 멀어지게 하는 모든 것에서 자유를 누리게 될 것입니다. 여러분은 진정한 기쁨을 맛볼 것이며, 성령이 요구하시는 것이면 무엇이든 내어놓거나 절제할 수 있을 것입니다.

당신은 더 이상 어떤 사람이나 어떤 상태에 도달할 필요가 없습니다. 왜냐하면, 당신을 소유한 하나님에 대한 여러분의 사랑이 당신을 더욱 견고히 서게 할 것이기 때문입니다. 여러분의 마음은 무엇으로 하나님을 기쁘시게 할 것인가로 고동칠 것이며, 그를 대적했던 모든 일로 인하여 아파할 것입니다.

하나님께 자신의 마음을 모두 드린 사람은 안전하고 행복한 자입니다. 우리는 오직 우리에게 다가오신 하나님의 아들이자 우리의 형제인 예수만 바라보면 됩니다.

여러분이 예수께 마음을 바치지 않으면 결국 자신에게 닥친 삶으로 인해, 특히 일이 잘못되거나 고통을 겪을 때, 당황하게 될 것입니다. 여러분은 하나님이 당신을 어디로 인도하시는지 분별하지 못할 것입니다. 또한 여러분은 불평불만과 적대적인 감정을 드러내고 싶은 유혹을 받을 수 있습니다. 여러분은 모든 것을 인간적 관점에서 바라볼 뿐만 아니라, 의심과 불신에 빠지기 쉬울 것입니다. 그렇게 되면 당신의 모든 선과 영적 갈망은 헛된 것이 될 것입니다.

하나님은 여러분이 그의 뜻을 겸손한 마음으로 기꺼이 받아들이기를 원하십니다. 하나님이 여러분의 마음을 소유하시면, 당신을 압박하는 사건들이나 환경이 아니라 그의 말씀으로 당신을 인도하실 것입니다. 여러분은 다른 뜻이나 고집을 버렸기 때문에, 하나님이 보내신 것을 어떻게 받아들이는지 알 것입니다.

하나님의 길이 비록 험난할지라도 결코 낯설거나 불쾌하지 않은 길이 될 수 있도록, 날마다 하나님께 새로운 사랑과 마음을 드리는 방법을 배우시기 바랍니다. 어떤 일이 있을지라도 여러분의 마음을 내어드리고 그의 길을 기뻐하십시오.

요한 크리스토프 블룸하르트

14. 마음의 자유

> 그러므로 너희가 그리스도와 함께 다시 살리심을 받았으면 위의 것
> 을 찾으라 거기는 그리스도께서 하나님 우편에 앉아 계시느니라골
> 3:1

괴로움으로 가득할 때, 마음의 자유를 얻는 방법을 배우십시오. 여러분이 가장 무서운 질병으로 고통할 때, 더는 삶을 지탱하기 어려울 때, 온종일 기도와 탄식만 나올 때조차, 마음의 자유를 누려야 합니다. 마음에서 여러분의 병을 몰아내십시오. 위의 것을 찾고, 하나님이 여러분의 마음을 다스리게 하십시오. 굳이 원한다면 질병 덩어리를 등에 업고 다닐 수 있지만, 그것이 마음의 짐은 되지 않게 하십시오. 마음은 자유로워야 합니다. 마음에서 괴로움을 지워버리고 십자가를 지십시오.

병에 사로잡히지 맙시다. 도대체 병이 무엇입니까? 우리가 생명의 대기권 안에 산다면, 병은 마치 안개처럼 사라질 것입니다. 이것은 우리가 거듭 경험하는 일이며, 의사들도 마찬가지입니다. 인생의 치명적 안개는 첫인상과 달리, 그렇게 짙지 않습니다. 그것은 사라집니다. 그렇게 가득하던 안개도 어느

순간이 되며 사라지고, 아무도 그것이 어디서 왔다가 어디로 가는지 모릅니다.

그러므로 마음을 자유롭게 하십시오. 사소한 일은 머리로만 인식하고, 여러분의 마음에는 구주 하나님이 계셔야 합니다. 그처럼 사소한 일에 사로잡혀 쓸모없는 사람이 되지 마십시오. 질병이나 고통과 같은 사소한 것들을 마음에 들임으로써 영적인 마비 상태에 이른 자들이 얼마나 많은지 모릅니다.

자유로워야 합니다. 그래야만 가장 불행한 상황에서 괴로움이 극심할 때조차, 한 마디로 모든 상황에서, 기쁘게 그리스도를 섬길 수 있습니다. 어떤 근심의 구름도 마음을 가려서는 안 됩니다. 특히 자신에 대한 생각이나 걱정에 사로잡혀서는 안 됩니다. 그 대신, 오직 기도와 감사로 하나님께 새롭게 헌신하십시오. 그렇게 함으로써 여러분은 이 땅에서 하나님께 영광을 돌릴 수 있으며, 하나님은 여러분을 억누르는 모든 것에서 건져내어 높이 드실 것입니다.

크리스토프 프리드리히 블룸하르트

15. 자기 십자가를 지라

아무든지 나를 따라오려거든 자기를 부인하고 날마다 제 십자가를
지고 나를 따를 것이니라 눅 9:23

예수님은 마귀의 일을 멸하시려고 오셨으며, 이것이 바로 우리가 질병을 포함한 모든 어둠과 싸우는 이유입니다. 그러나 우리는 싸우는 방법을 알아야 합니다. 이것은 우리가 무조건 모든 필요와 질병을 위해 하나님께 도움을 구해야 한다는 뜻이 아닙니다. 오히려 우리는 먼저 그리스도의 죽음 앞으로 나아가, 신체적 질병을 포함하여 이 땅에서 당하는 고통과 죄를 인식해야 합니다.

우리에게 가장 중요한 일은 하나님이 그의 뜻대로 우리의 삶 속에 들어오시는 것입니다. 다시 말하면, 우리는 하나님의 은혜와 자비를 남용하거나 구주 그리스도를 우리의 사소한 일에 얽매이게 하는 모든 것들과 최선을 다해 싸워야 한다는 것입니다. 하나님이 우리를 향하실 의무는 없습니다. 자신을 부인하고 자기 십자가를 져야 하는 것은 우리이며, 하나님의 영광을 위해 살아야 하는 것도 바로 우리입니다. 우리는 모든 것을 내

려놓고 가난한 자가 될 준비를 해야 하며, 그렇게 함으로써 그리스도만이 높임을 받으시게 해야 할 것입니다.

하나님 앞에서의 모든 간구를 뒤로 하고, 오직 그의 요구에 부응하는 합당한 길을 찾읍시다. 여러분의 필요를 제쳐두고, 불평이나 한탄이 아니라 기꺼운 마음으로 정직한 회개가 이루어져야 할 것입니다. 자신에 대한 성찰이 선행되어야 하며, 내면의 변화를 통해 더는 자신과 자신의 필요를 바라보지 않아야 합니다. 대신에, 하나님의 나라를 위해 자신을 희생하십시오. 하나님을 간절히 구하면, 그가 여러분의 삶을 수치스럽게 하지 않으실 것입니다. 여러분은 자신의 고통과 절망이 저절로 사라지는 것을 발견하게 될 것입니다.

크리스토프 프리드리히 블룸하르트

16. 다가오는 도움

네 짐을 여호와께 맡기라 그가 너를 붙드시고 의인의 요동함을 영원히 허락하지 아니하시리로다 시 55:22

걱정과 두려움과 괴로움으로 가득한 우리는 "모든 근심을 주께 던져야 합니다." 다시 말하면, 그런 것들을 주께 맡겨 그가 처리하시게 해야 한다는 것입니다.

나는 모든 것을 주께 맡긴다는 것이 말처럼 쉬운 일이 아니라는 사실을 잘 압니다. 우리는 노력하지만, 우리의 짐은 여전히 남아 있습니다. 우리의 근심은 여전히 우리를 무겁게 짓누르고 있습니다. 어쨌든 우리는 믿고 맡기지 못하며, 짐을 벗는 방법조차 모릅니다. 우리는 기도하지만, 이내 기도하지 않은 것처럼 행동합니다. 우리는 "주여, 주여, 이 짐을 맡아주옵소서"라고 기도하지만, 걱정을 버리지 못하며 하나님이 우리의 간구를 들으셨는지 의심합니다. 우리는 아직 보지 않은 분을 본 것처럼 붙들지 못하는 반쪽짜리 자녀들입니다.

몸을 제대로 가눌 수도 없을 만큼 무거운 짐을 지고 다니는 여러분의 모습을 상상해보십시오. 그러다가 결국 누군가가 당신의 짐을 벗겨준다면, 얼마나 홀가분하고 자유로운 느낌이 들겠습니까? 그것이 바로 우리가 하나님께 무엇을 맡길 때 느끼는 감정입니다. 하나님은 우리를 도와주십니다. 그것은 그의 신실한 약속입니다. 그러나 그러기 위해 우리는 어린아이처럼 우리의 근심과 우리 자신을 그에게 맡겨야 합니다. 하나님은 신실하시며 우리를 실망시키지 않으십니다. 설사 하나님이 우리가 길을 잃게 하실지라도, 먼 길로 돌아가게 하실지라도, 주변의 어둠이 아무리 깊을지라도, 그는 우리를 돌보십니다. 하나님은 언제나 우리를 그가 목적하신 곳으로 인도하십니다.

때로는 평화가 오랫동안 우리를 외면할 때도 있습니다. 그러나 하나님은 결코 우리를 주저앉게 하지 않습니다. 때가 되면 반드시 도움이 이를 것입니다. 그러므로 두려워하지 마십시오. 하나님 앞에 신실하고 진실하게 서 있으십시오. 여러분은 절망하거나 두려움에 휩싸이지 않을 것입니다. 인내하며 견디는 자는 결국 하나님의 지체하심이 얼마나 큰 유익이 되었는지 깨닫게 될 것입니다.

요한 크리스토프 블룸하르트

17. 그곳이 지옥이라 할지라도

그리스도께서도 단번에 죄를 위하여 죽으사 의인으로서 불의한 자를 대신하셨으니 이는 우리를 하나님 앞으로 인도하려 하심이라 육체로는 죽임을 당하시고 영으로는 살리심을 받으셨으니 그가 또한 영으로 가서 옥에 있는 영들에게 선포하시니라... 이를 위하여 죽은 자들에게도 복음이 전파되었으니 이는 육체로는 사람으로 심판을 받으나 영으로는 하나님을 따라 살게 하려 함이라벧전 3:18-19; 4:6

예수님은 죽임을 당하신 후 옥에 있는 영들에게 가셨습니다. 이것은 지옥까지 가서라도 그에게 듣기 원하는 자들을 구원하셔야 했기 때문입니다. 어떤 질병, 어떤 어둠 가운데 있을지라도 예수님은 복음을 듣고 싶어 하는 자를 찾아가십니다. 그러므로 고침을 받지 못하거나 자유함을 받지 못할 자는 없으며, 소망을 포기할 이유도 없습니다.

여러분이 처한 상황이 아무리 어렵고 고통스러울지라도 구주께서 들어오시기만 하면, 여러분 안에서 여러분을 통해 실제적인 구원이 이루어질 것입니다. 그러므로 고통 없는 삶을 사는 것보다 중요한 것은 "주여, 나를 붙드시고 나를 온전히 주관하소서"라고 기도하는 것입니다. 이런 마음을 가진 자는 누구든지 하나님의 나라에서 실제적인 역할을 할 수 있습니다.

당신이 하나님의 나라를 마음에 품고 예수의 짐을 나누어질 각오가 되어 있는 한, 당신의 고통은 절대 헛되지 않을 것입니다. 그러므로 예수께서 당신의 내면, 당신의 고통 속으로 들어오실 길을 열고 그곳에서 그를 섬기시기 바랍니다. 여러분은 이 영적 싸움에 완전히 휘말릴 수밖에 없겠지만, 그럴 때 구주께서 임하실 것입니다. 여러분은 모든 미봉책을 버리고 거짓 하나님, 거짓 도움, 거짓 소망, 거짓 기쁨을 뿌리 뽑아야 할 것입니다. 하늘에 계신 아버지는 우리가 함께 있고 싶어 하는 유일한 소망, 유일한 기쁨, 유일한 믿음, 유일한 사랑이 되어야 할 것입니다.

믿음의 가지, 절망의 가지, 기쁨의 가지, 슬픔의 가지를 한데 묶어 훌륭한 부케를 만들 수 있을 것이라는 착각을 버려야 합니다. 그런 것들은 온전한 마음을 담을 수 없습니다. 하나님이 원하시는 것은 전심으로 "할렐루야"를 외치는 것입니다. 우리는 몸과 영혼을 던져야 하며, 우리의 고통이 하나님의 영광이 되게 해야 합니다.

기억하십시오. 여러분은 하나님의 자녀입니다. 여러분의 신분과 하나님이 여러분에게 주신 것에 대해 진실한 마음으로 돌아보고 신실하게 남아 있기를 바랍니다. 여러분이 이 소망을 붙든다면, 아무리 큰 고통이나 어둠이라도, 심지어 사망 가운데 있을지라도 힘과 위로를 얻고 마침내 승리할 것입니다.

크리스토프 프리드리히 블룸하르트

18. 최고의 도움

내가 산 자들의 땅에서 여호와의 선하심을 보게 될 줄 확실히 믿었도
다 너는 여호와를 기다릴지어다 강하고 담대하며 여호와를 기다릴
지어다 시 27:13-14

나는 성경에서 수명을 연장하기 위해 무슨 일이든 하라는 구
절을 보지 못했습니다. 만일 그런 구절이 있다면, 우리의 생사를
주관하시는 유일한 주이신 하나님 앞에서 우리의 능력을 지나치
게 과대평가한 것이 될 것입니다. 마치 우리가 어떻게든 자신의
힘으로 생명을 이어나갈 수 있는 것처럼 말입니다. 성경은 우리
에게 여호와의 도우심을 바라며 참고 기다리라고 말합니다.

어떻게든 수명을 연장해보려고 온갖 노력을 다하는 것은 반
역에 가깝습니다. 우리가 계속해서 수명을 연장해야 한다면, 어
느 선까지 허용해야 한다는 것입니까? 전쟁 중에 겁쟁이나 탈영
병의 경우는 어떻습니까? 그들이 자신의 목숨을 구하려 한 것이
정당합니까? 의사들은 아무리 전염성이 강한 환자라도 목숨을
걸고 찾아가야 합니다. 그들이 어떻게든 자기 목숨을 보전해야
겠다고 생각한다면 심각한 딜레마에 빠지지 않겠습니까? 확실

히 자신의 몸을 구하는 것보다 더 중요한 일이 있습니다.

물론, 의사와 상담하는 것이 나쁘다는 말은 아닙니다. 우리는 우리에게 경고하는 의사에게 자신의 본분을 다하게 해야 합니다. 의사를 무조건 거부하는 것은 그들의 사명을 무시하는 태도이자, 믿음이 모든 것을 성취해야 한다는 지나친 아집입니다

다만, 무슨 수단이든 광적으로 사용하는 것은 잘못되었다는 것입니다. 수단을 가리지 않는 사람은 아사왕왕하 16:2이 받은 것과 동일한 비판을 피할 수 없을 것입니다. 의학적 도움을 받고자 한다면, 적어도 그것이 진정 유익하다는 확신이 들어야 할 것입니다. 그런 확신이 있을 때만, 우리의 최선이 정당성을 인정받을 것입니다. 그렇지 않고 닥치는 대로 방법을 강구하는 것은 죄나 다름없습니다.

우리는 의사가 항상 충고할 준비가 되어 있다는 사실을 압니다. 그들은 상호 간에 견해차가 있을 때도, 결과에 대해 장담합니다. 의사들 사이에 상반된 주장이 제시될 때, 우리는 어떻게 해야 합니까? 한 발짝만 물러나 냉정히 생각해보십시오. 인간의 터무니없는 치료법을 얼마나 신뢰할 수 있습니까? 그런 것을 믿는 것이 하나님에 대한 헌신적 태도라고 할 수 있겠습니까? 그것을 믿음이나 신뢰라고 부를 수는 없을 것입니다. 주님만이 유일한 의사시며, 따라서 하나님이 허락하신 방법을 쓸 때조차 그것이 결정적 도움을 가져올 것처럼 과도한 의미를 부여하는 것은 바람직하지 않을 것입니다.

우리는 주님을 기다려야 합니다. 다시 한번 말하지만, 이것은 하나님이 피조 세계에 제공하신 선한 것들을 이용하지 말라는 뜻이 아닙니다. 그러나 우리는 이런 것들에 지나치게 의존함으로써 그의 선하심을 경험하지 못하는 경향이 있습니다. 믿음이 부족한 우리는 더 이상 사도들처럼 기적의 시대에 살고 있지 않습니다. 우리는 언제나 믿음이 초래할 역사에 열려 있어야 합니다. 그러나 우리가 세상 끝까지 치료법을 찾아다닌다면, 우리가 여기저기 의사를 찾아다니고 수백 마일 떨어진 곳에 사는 전문가와 상담하며 터무니없는 비용을 지출하고 모든 시간과 열정을 허비한다면, 임종 직전까지 극단적 처방을 사용하고자 한다면, 어떻게 기적이 가능하겠습니까?

우리가 자신의 힘으로 도움을 찾으려 하면 할수록, 주님은 더욱 물러나실 것입니다. 그러나 우리가 진정한 도움은 오직 주께로부터 온다고 믿고 주어진 영역 안에 겸손히 머물며 크든 작든 가까이 있는 방법을 사용한다면, 최상의 결과를 얻을 것입니다. 하나님을 신뢰하며 그가 역사하시기를 기다리는 사람은 주께서 찾아오셔서 생명을 보호해주신다는 사실을 알게 될 것입니다.

그러므로 하나님을 기다려야 합니다. 마음의 생각을 구원이 도래하는 시점으로 향하게 하고 감히 그 시간을 맛볼 수 있게 해달라고 기도하시기 바랍니다. 그럴 때, 여러분은 최고의 도움을 찾을 수 있을 것입니다.

요한 크리스토프 블룸하르트

19. 항상 찬양하라

할렐루야 우리 하나님을 찬양하는 일이 선함이여 찬송하는 일이 아
름답고 마땅하도다 시 147:1

하나님을 찬양하는 것은 선한 일입니다. 찬송을 하는 일은
아름답고 마땅하며, 불평하거나 낙심하는 것보다 훨씬 선한 일
입니다. 잘 들으십시오. 찬양하는 일은 선한 일입니다. 특히 고
통 가운데 있거나 슬퍼하며 절망할 일밖에 없는 사람에게 찬양
은 참으로 마땅히 할 일입니다. 그들의 입술에서 나오는 찬양
은 우리 마음에 얼마나 큰 감동을 주는지 모릅니다. 그렇다면
우리는 어떻습니까?

우리는 항상 찬송하고 있습니까? 우리는 왜 언제나 불평이
나 걱정이나 반대부터 합니까? 물론, 우리를 슬프게 하거나 낙
심하게 하는 것들이 있습니다. 그런 요소들은 우리의 눈물과
마음의 고통과 두려움과 불안을 초래합니다. 이것은 우리가 절
대로 울거나 슬퍼해서는 안 된다는 말이 아닙니다. 그러나 우
리는 아무리 절망 가운데 있을지라도 "하나님을 찬양합니다"라
는 말은 언제나 할 수 있다는 사실을 기억해야 합니다. 우리는

항상 기쁜 일을 생각할 수 있습니다. 찬양할 이유가 충분한 일은 언제나 있습니다.

그러나 아무런 생각 없이 즉흥적으로 "하나님을 찬양하라"거나 "하나님께 감사하라"고 외치는 것으로는 충분치 않습니다. 우리는 이런 표현이 의미하는 바를 더욱 깊이 생각해 보아야 합니다. 우리는 자신과 이웃을 위로 향하게 하는 무엇인가를 날마다 붙들 수 있습니다. 우리가 이러한 것들을 제대로 파악하기만 한다면, 찬양이 우리의 무거운 근심의 짐까지 사라지게 할 것입니다. 그렇게 되면 우리 주변의 모든 분위기는 우리의 고통에 손을 내민 사람들에게 선하고 아름다우며 위로가 될 것이며, 온 공동체가 진실로 새로운 힘을 얻고 기뻐할 것입니다.

초조함과 한탄, 절망에 빠진 태도는 상처만 안겨줄 것입니다. 우리 가운데 낙심에 빠졌거나 불행한 자들이 하나님을 찬양할 수 있다면 얼마나 좋겠습니까? 또 한 가지 기억해야 할 것은 하나님이 여러분에게 은혜와 구원을 주셨을 때, 마치 하나님이 마땅히 그렇게 하셔야 할 의무가 있는 것처럼 당연한 것으로 여기지 말아야 한다는 것입니다. 그런 감사치 못하는 태도는 마음을 완고하게 하며, 주변 사람들을 여러분에게서 멀어지게 할 것입니다. 그러므로 적어도 찬양할 일이 있을 때마다, 하나님을 찬양하는 법을 배워야 합니다.

만일 우리가 하나님의 선하심에 대한 감사와 찬양을 모든 사람에게 기꺼이 전할 수 있다면, 그들에게 우리의 자비하고 선하신 하나님을 드러내고 선포할 수 있다면, 참으로 많은 사람에게 큰 위로가 될 것입니다. 우리는 자신의 십자가를 잊고, 하나님을 찬양하는 자들과 함께 즐거워할 것입니다. 우리는 마음 깊은 곳에서부터 하나님을 찬양할 수 있을 것입니다. 하나님을 찬양하는 일이 얼마나 선하고 아름다운 일입니까?

요한 크리스토프 블룸하르트

God Hears

하나님은 들으신다

20. 어떤 일이 있더라도 기도하라

> 항상 기뻐하라 쉬지 말고 기도하라 범사에 감사하라 이것이 그리스
> 도 예수 안에서 너희를 향하신 하나님의 뜻이니라 살전 5:16-18

바울은 여기서 무엇을 위해 기도할 것인가에 대해서는 언급하지 않습니다. 오히려 우리는 무조건 기도하라, 모든 상황에서 기도하라는 명령을 받습니다. 그렇다면 우리는 왜 아버지께 나아가는 것을 그토록 어려워하며 오래 생각합니까? 왜 먼저 사람들이 제시하는 온갖 방법을 시도해본 후 하나님을 찾습니까?

사람의 힘으로 치유할 수 있는 상황에서는 구주께 기도하면 안 됩니까? 우리가 받은 명령대로 기도할 뿐인데, 왜 주제넘은 것으로 생각합니까? 그리스도께서 직접 하신 명령을 거부하는 것이 더 뻔뻔스러운 행동이 아닙니까? 어떤 사람은 지금의 병에서 놓이면 더 심한 병에 걸릴지도 모른다고 두려워합니다. 하늘에 계신 아버지께서 자녀에게 떡 대신 돌을 주며 생선 대신 뱀을 주신다는 말입니까눅 11:12? 고난이 필요하다고 주장하는 사람도 있습니다. 그렇기는 하지만, 하나님의 도우심을 경

험하는 것 역시 중요하지 않겠습니까? 고통보다 도움이 마음의 유익을 가져오지 않겠습니까? 극심한 고통을 통해 회심한 사람이 얼마나 있습니까?

주께서 원하시는 것이 무엇이든, 그가 주신 것을 기쁘게 받아들이고 그가 원하지 않는 것은 과감히 제거합시다. 그러나 기도합시다. 그 일은 오직 주님만이 하십니다. 그리고 그는 여러분이 감당할 수 있는 분량을 알고 계십니다고전 10:13. 바울이 경험했듯이, 하나님이 여러분의 기도에 즉시 응답하지 않으실 때는, 그의 은혜가 여러분에게 족하기 때문입니다. 중요한 것은 하나님의 뜻에 따르는 것입니다. 그렇게 할 때, 주께서 여러분의 짐을 점차 가볍게 하실 것입니다.

그러므로 어린아이와 같은 마음으로 모든 것을 주께 맡겨 그의 뜻대로 하시게 합시다. 여러분이 모든 상황에서 그렇게 한다면, 그것이 최상의 길임을 발견하게 될 것입니다.

요한 크리스토프 블룸하르트

21. 어린아이와 같이 되라

구하라 그리하면 너희에게 주실 것이요 찾으라 그리하면 찾아낼 것
이요 문을 두드리라 그리하면 너희에게 열릴 것이니 구하는 이마다
받을 것이요 찾는 이는 찾아낼 것이요 두드리는 이에게는 열릴 것이
니라 너희 중에 누가 아들이 떡을 달라 하는데 돌을 주며 생선을 달
라 하는데 뱀을 줄 사람이 있겠느냐 너희가 악한 자라도 좋은 것으로
자식에게 줄 줄 알거든 하물며 하늘에 계신 너희 아버지께서 구하는
자에게 좋은 것으로 주시지 않겠느냐마 7:7-11

그리스도인을 포함하여, 기적은 필요 없다고 믿는 사람들이
있습니다. 그것은 하나님의 나라를 포기하는 것이나 다름없습
니다. 이 땅에서 하나님이 더는 역사하지 않으신다면, 그가 우
리의 일상에 더 이상 영향을 미치지 못하신다면, 우리의 지식
과 노력만이 중요하다면, 차라리 하나님의 나라에 대해 잊어버
리는 것이 나을 것입니다.

세상의 온갖 사람들이 "도와주세요"라고 부르짖을 때 내가
더 이상 하늘에 계신 아버지의 자녀로 살지 못하고 모든 삶과
환경을 그의 손에 맡기지 못한다면, 그렇다면 하나님이 세상을
다스리지 않는 것입니다. 교회가 아버지에게 무엇을 달라고 조

르는 아이들처럼 순수한 마음으로 하나님께 기도할 수 없다면, 그렇다면 하나님의 나라는 아무것도 아닌 존재가 되고 말 것입니다. 하나님의 통치는 이 땅에서 실제적인 행동으로 드러나야 합니다. 우리는 오직 하나님의 영광을 위하여 살아야 하며, 그의 통치를 드러내고 증거하는 것은 우리의 마땅한 사명입니다.

그러므로 모든 근심과 걱정을 뒤로 하고 담대히 하나님의 뜻을 행합시다. 그렇게 할 때 우리는 예수께서 계시는 곳이 곧 우리가 있는 곳이라는 확신이 들 것입니다. 결코 의심할 필요가 없습니다. 순종하는 아이처럼 앞으로 나아가기만 하면 됩니다. 여러분이 예수께 속한 사실을 안다면, 담대히 행하십시오. 여러분이 모든 것을 하나님의 보호하심에 맡긴다면, 여러분 속에 무엇인가 새롭고 신선한 것이 형성되기 시작한 사실을 알게 될 것입니다.

지배하려 하지 말고, 어린아이처럼 아버지께 나아가십시오. 그러면 여러분 주변에서 기적과 치유와 복된 일들이 일어나는 것을 보게 될 것입니다. 여러분은 순탄한 길을 따라 활기차게 나아갈 것입니다. 여러분이 먼저 온갖 치료법과 해법에 몰두함으로써 하나님이 따라다니며 여러분이 저지른 일을 수습하게 하지 마십시오. 오직 하나님이 행하시는 일에 초점을 맞추고, 길이 보이면 그곳으로 나아가십시오.

크리스토프 프리드리히 블룸하르트

22. 의심에 맞서라

사도들이 주께 여짜오되 우리에게 믿음을 더하소서 하니눅 17:5

우리의 믿음이 부족할 때, 우리는 부족한 믿음을 위해 기도해야 합니다. 우리는 귀신 들린 아이의 아버지처럼 "내가 믿나이다 나의 믿음 없는 것을 도와주소서"막 9:24라고 소리 질러야 합니다. 그러나 믿음을 더해달라는 기도로는 충분하지 않습니다. 더 큰 믿음을 위해 기도하는 자는 그것을 위한 영적 준비를 해야 합니다. 그는 믿음의 능력을 방해하는 모든 것에서 돌아서야 합니다. 그는 마음을 가라앉히고 모든 생각과 정신과 신체적 기능을 집중해야 합니다. 그는 하나님의 백성과 마음을 함께 해야 하며, 내적인 상처를 받지 않아야 합니다. 그렇게 한다면, 믿음을 더해달라는 기도가 효력을 발휘할 것입니다. 위로부터 믿음이 주어질 것이며, 이 믿음은 마음으로 들어갈 길을 찾게 될 것입니다.

본문의 제자들은 이미 그리스도의 이름으로 더러운 영들을 쫓아내고 병든 자를 고치며 많은 일을 행할 수 있는 능력을 부여받았습니다. 그들은 이 일을 위해 은사를 필요로 했으며, 많은 일을 행했음에도 불구하고 은사에 부족함을 느낄 때가 있었습니다. 즉, 그들은 예수의 이름으로 명령한 일이 실제로 이루어질 것이라는 확신을 갖지 못했던 것입니다. 이런 이유로 그들은 예수께 "우리가 당신의 이름으로 말할 때 필요한 능력을 구비할 수 있도록 우리에게 믿음을 더하소서"라고 했던 것입니다.

우리는 이것을 어떻게 우리의 상황에 적용할 수 있습니까? 우리 역시 믿음을 더해달라고 기도하면 될까요? 그럴 수도 있고 그렇지 않을 수도 있습니다. 중요한 것은 우리가 더 큰 믿음을 위해 기도할 때 결코 자신을 위한 간구가 되어서는 안 된다는 것입니다. 믿음을 더해달라는 기도는 교회에 보다 큰 유익을 끼치기 위한 것이어야만 합니다. 그것은 우리의 마땅한 의무입니다. "교회와 하나님의 백성과 특히 당신의 종들에게 믿음을 더하소서. 그렇게 함으로써 그들이 진정한 사도적 신앙을 경험하게 하소서." 이것이 우리의 기도가 되어야 할 것입니다.

교회에서 믿음으로 행하는 자가 적고, 믿음으로 행할지라도 기도는 거의 하지 않는다는 것은 슬픈 일입니다. 예수의 이름에 영광을 돌릴 일이 거의 일어나지 않는 이유는 바로 그 때문입니다. 우리가 믿음을 가지지 않는 한, 모든 일은 무익할 것입니다. 우리는 어느 때보다 많은 믿음이 필요하므로 다시 한번 마음을 가다듬고 간절히 사모해야 할 것입니다. 우리는 이 믿음을 주신 하나님께 모든 것을 맡길 수밖에 없지만, 교회에서 다시 한번 기적이 일어나기를 간절히 바라야 할 것입니다. 그리스도의 영광과 능력이 그곳에 있기 때문입니다. 그러므로 더욱 큰 믿음을 위해 기도하되, 결코 자신을 위한 기도가 되지 않아야 할 것입니다.

요한 크리스토프 블룸하르트

23. 구하기 전에

또 기도할 때에 이방인과 같이 중언부언하지 말라 그들은 말을 많이
하여야 들으실 줄 생각하느니라 그러므로 그들을 본받지 말라 구하
기 전에 너희에게 있어야 할 것을 하나님 너희 아버지께서 아시느니
라 마 6:7-8

많은 사람은 기도할 때 언어적 표현이 분명하지 않거나, 정
확한 의미전달이 되지 않거나, 진지한 태도로 크게 외치지 않
으면, 기도가 효력이 없을 것으로 생각합니다. 그러나 그런 식
의 기도는 과장될 수 있으며, 구주께서도 금지하십니다.

예수께서 기도할 용기를 잃게 하려는 것이 아님은 분명합니
다. 예수님이 말씀하신 요지는 균형 잡힌 기도를 하라는 것입
니다. 일단 기도한 후에는 잠잠해야 합니다. 우리는 씨를 뿌린
농부처럼 기다려야 합니다. 여러분이 믿음으로 잠잠히 기다리
는 동안 도움이 이를 것입니다. 또한 병들었을 때나 다른 필요
가 있을 때도, 잠잠히 하나님의 나라를 바라보는 법을 배워야
합니다.

우리는 굳이 야단법석을 떨지 않아도 그저 몇 마디로 자신

의 필요를 간단히 아뢸 수 있으며, 하나님은 이미 우리에게 무엇이 필요하며 어떻게 도와주실 것인지 알고 계심을 믿기에 느긋이 기다릴 수 있습니다. 우리는 자신의 요구를 구체적인 내용까지 상세히 설명하거나 그가 우리의 필요를 알고 계시는지 확인하려고 애쓸 필요가 없습니다. 하나님은 아무리 작은 일까지도 상세히 아시며 빠짐없이 기억하고 계십니다. 우리는 아무 말 없이 하늘을 바라보는 것만으로 그에게 향할 수 있습니다. 감각적이고 실제적인 것이나, 구체적으로 고통을 주는 것에 대한 기도도 마찬가지입니다. 우리는 필요하다고 생각했던 것이 사실상 필요 없는 것이라는 사실을 깨달을 수도 있고, 현재 돌아가고 있는 상황 안에서 바른길을 찾을 수도 있습니다.

이것은 우리의 간절함이 없어도 모든 일이 저절로 일어날 것이기 때문에 관망하기만 하면 된다는 말이 아닙니다. 또한 자신의 요구사항을 대충 요약해서 하나님의 발 앞에 급히 던져놓기만 하면 된다는 말도 아닙니다. 그런 식의 기도는 우리까지 하나님을 쉽게 잊어버리게 할 것이며, 그의 도움이 없어도 모든 것이 저절로 이루어진다고 생각하여 하나님에 대한 감사도 잊게 할 것입니다. 그렇게 되면 믿음도 흔들리고 하나님의 자녀로서 합당한 삶을 살 수 없을 것입니다.

예수님은 "구하기 전에"라고 말씀하셨습니다. 그러므로 우리는 반드시 자신이 구하는 바를 그에게 알려야 합니다. 그렇지 않다면, 받을 수 있는 많은 것을 받지 못할 것입니다. 우리가 간절한 마음으로 구하는 것을 아뢴다면, 하나님은 절대로 외면치 않으실 것입니다. 진정한 자녀는 하나님이 자신의 말을 들으실 것을 알고 무엇이든 구합니다. 우리는 모든 짐과 필요를 그에게 가져가야 합니다. 그렇게 함으로써 우리는 적어도 하나님이 모든 것을 주시는 분이시라는 사실을 더욱 확신하게 될 것입니다.

하나님은 우리의 관심사를 항상 염두에 두고 계십니다. 그는 아버지로서 우리의 각종 필요에 관심을 가지고 계시며, 우리가 그에게 나아오기만 기다리고 계십니다. 하나님은 우리를 잊지 않으셨습니다. 그런 생각이 들 때 우리가 더욱 기억해야 할 것은 하나님이 이 모든 것을 알고 계시며 지금도 우리를 돌보고 계신다는 사실입니다. 사실 하나님은 우리와 우리의 필요에 대해 우리 자신보다 더 많이 알고 계십니다. 어린아이처럼 순전한 기도는 하나님의 마음을 움직여 그의 풍성하신 자비로 여러분의 간구를 들어주시고 모든 두려움과 고통에서 여러분을 구하시게 할 것입니다.

요한 크리스토프 블룸하르트

24. 당신도 예수께 손을 댈 수 있다

간곡히 구하여 이르되 내 어린 딸이 죽게 되었사오니 오셔서 그 위에 손을 얹으사 그로 구원을 받아 살게 하소서 하거늘 이에 그와 함께 가실새 큰 무리가 따라가며 에워싸 밀더라 열두 해를 혈루증으로 앓아 온 한 여자가 있어 많은 의사에게 많은 괴로움을 받았고 가진 것도 다 허비하였으되 아무 효험이 없고 도리어 더 중하여졌던 차에 예수의 소문을 듣고 무리 가운데 끼어 뒤로 와서 그의 옷에 손을 대니 이는 내가 그의 옷에만 손을 대어도 구원을 받으리라 생각함일러라 이에 그의 혈루 근원이 곧 마르매 병이 나은 줄을 몸에 깨달으니라 예수께서 그 능력이 자기에게서 나간 줄을 곧 스스로 아시고 무리 가운데서 돌이켜 말씀하시되 누가 내 옷에 손을 대었느냐 하시니 제자들이 여짜오되 무리가 에워싸 미는 것을 보시며 누가 내게 손을 대었느냐 물으시나이까 하되 예수께서 이 일 행한 여자를 보려고 둘러 보시니 여자가 자기에게 이루어진 일을 알고 두려워하여 떨며 와서 그 앞에 엎드려 모든 사실을 여쭈니 예수께서 이르시되 딸아 네 믿음이 너를 구원하였으니 평안히 가라 네 병에서 놓여 건강할지어다 마 5:24-34

한 불쌍한 여자가 열두 해를 심한 고통 속에 지나며 많은 의사를 찾았습니다. 그동안 여자는 가진 것을 다 허비했으나 의사들은 그에게 더 많은 고통을 안겨주었습니다. 다행히 이 여자는 예수의 소문을 듣고 그에게 나아왔습니다.

예수께 나온 여자는 그의 옷에 손을 대었습니다. 예수님은 자기에게서 능력이 나간 줄을 곧 아시고 "누가 내게 손을 대었느냐"라고 물었습니다. 예수의 사랑하는 마음이 움직였음이 분명합니다. 예수님은 이 여자의 단순한 행동에 담긴 진실한 믿음을 드러내고자 했습니다. 예수님은 그를 응시했습니다. 자기에게 일어난 일을 알게 된 여자는 두려움에 떨며 예수의 발 앞에 엎드렸습니다. 갑자기 모든 수줍음과 주저함이 사라진 여자는 예수께 자초지종을 고하였습니다.

이 사건은 예수님이 우리가 신성 때문에 두려워해야 할 존재가 아니라 누구나 다가갈 수 있는, 우리 가운데 한 분이심을 보여줍니다. 그는 우리 위에 군림하시지 않지만, 무한하신 자비로 거룩한 위엄과 영광을 발하십니다. 기억합시다. 우리의 구주는 결코 멀리 계시지 않습니다.

여자는 예수께서 눈치채지 못하게 그의 옷에 손을 대었습니다. 다른 많은 사람도 이런 식으로 예수의 능력을 경험했을 것입니다. 얼마나 많은 연약한 자, 숨이 가쁜 자, 중환자, 크고 작은 질병에 시달리는 자가 예수께 나아와 새 힘을 얻고 건강하게 돌아갔겠습니까? 그들은 예수께서 그들의 필요를 인식해서가 아니라 단지 그들의 형제이기 때문에 고침을 받았던 것입니다. 우리도 함께 모여 우리 가운데 계신 예수를 진실로 사랑할 때 고침을 받을 수 있습니다.

예수님은 여자에게 "네 믿음이 너를 구원하였으니"라고 말씀하셨습니다. 물론 그것은 여자의 믿음입니다. 아무리 미천한 자라 할지라도 믿음이 어떤 일을 할 수 있는지 보십시오. 예수님은 여자에게 "딸아 네 믿음이 너를 구원하였으니 평안히 가라 네 병에서 놓여 건강할지어다"라고 말씀하셨습니다. 이 여자는 집으로 돌아오면서 얼마나 기쁘고 행복하고 감사했겠습니까!

우리는 예수에 대한 믿음이 믿음이 예수 안에서 사는 삶의 한 부분일 때을 통해 이런 능력을 경험하게 한다는 사실을 잊지 마시기를 바랍니다. 우리가 손을 내밀어 우리의 형제인 그를 만질 수 있다면 얼마나 복되고 기쁘겠습니까! 비록 작은 일이라 할지라도 더 많은 믿음을 가진다면, 하나님의 손이 더욱 자주 나타날 것입니다. 우리의 사랑하는 구주께로 속히 돌아가기를 간절히 바랍니다.

요한 크리스토프 블룸하르트

25. 고난 중에도 기뻐하라

믿음의 주요 또 온전하게 하시는 이인 예수를 바라보자 그는 그 앞에 있는 기쁨을 위하여 십자가를 참으사... 너희가 피곤하여 낙심하지 않기 위하여 죄인들이 이같이 자기에게 거역한 일을 참으신 이를 생각하라 히 12:2-3

여러분은 신체적 질병과 함께 감정적 고통이나 신경증을 겪을 때가 있을 것입니다. 여러분은 안절부절못하고 큰 고뇌와 두려움에 사로잡힐 것이며 그 결과 온몸이 허약해지는 것을 느낄 것입니다. 여러분은 맑은 정신을 찾으려 할수록 더욱 혼란에 빠지는 자신을 발견하게 될 것입니다. 하나님의 임재에 대한 의식을 포함하여 모든 것이 빠져나가는 것처럼 생각될 것입니다.

여러분의 영이 이처럼 어두워질 때, 여러분은 잠잠히 마음을 가다듬을 필요가 있습니다. 여러분은 이런 일이 있을 때, 설사 신체적으로 악화하여 가는 중이라도 지나치게 불안해할 필요가 없습니다. 어둠의 세력은 항상 활동하고 있으며, 우리를 목적지에서 벗어나 절망에 빠트리려 한다는 사실을 기억해야 합니다. 이러한 공격에서 완전히 벗어나 있는 사람은 아무도 없습니다. 그러나 만일 여러분이 지나치게 걱정한다면, 사태만 악화시킬 것입니다.

대신에, 아무리 깊은 밤중이라 할지라도 굳게 설 수 있도록 준비하십시오. 여러분의 시야를 알파와 오메가요 최후의 승리자이신 구주께 고정함으로써 밤을 낮으로 바꾸십시오. 예수와 함께 반드시 낮이 이를 것입니다. 여러분보다 오래 참고 계신 그를 생각하십시오. 특별한 공격을 받고 있는 누군가가 여러분의 확실한 중보자가 되신다는 사실을 알면 큰 도움이 될 것입니다.

여러분은 기도할 때, 위대한 승리자시며 믿음의 주요 또 온전하게 하시는 예수께서 자기 백성을 위해 어둠을 쫓아낼 때가 온다는 소망을 가져야 합니다. 그때 하나님의 자녀는 모두 빛 가운데 살며 참으로 자유로울 것입니다요 8:36. 이것은 전적으로 우리가 그를 온전히 사랑하느냐에 달렸습니다.

요한 크리스토프 블룸하르트

26. 하나님은 당신을 사랑하신다

무릇 내가 사랑하는 자를 책망하여 징계하노니 그러므로 네가 열심을 내라 회개하라 계 3:19

하나님은 사랑하는 자를 징계하십니다. 그러므로 우리가 고난을 겪을 때, 하나님이 우리를 더는 사랑하지 않는다고 생각하는 것은 잘못입니다. 그런 생각은 우리의 변덕스러운 마음과 자기애를 보여줄 뿐입니다. 벌을 받는 아이가 엄마를 향해 "나는 엄마가 나를 참을 수 없이 미워한다는 사실을 알았습니다"라고 말한다면 어떻겠습니까? 얼마나 어리석은 말입니까?

일이 안 풀릴 때, 가령 몸이 아프거나 기도의 응답이 없을 때, 하나님이 여러분을 버렸다고 생각하지 마십시오. 그런 생각은 사탄에게서 오는 것입니다. 고난이 찾아오는 것은 여러분이 구주께 의미 있는 존재이기 때문입니다. 그는 여러분을 사랑하십니다.

그런 이유로, 우리는 온갖 비난에 대해서도 너무 괴로워할 필요가 없습니다. 사실 우리는 죄에 대해 건전하지 못한 방식으로 지나치게 자책하는 경향이 있습니다. 모든 고통이 죄 때문에 오는 것은 아닙니다. 우리도 바울처럼, 자만하지 않게 하려고 육체에 준 가시를 가지고 있을 수 있습니다. 자신의 연약함을 깨닫는 자체가 구주께서 여러분을 사랑하는 징표가 될 수도 있습니다. 어쩌면 여러분은 욥처럼 믿음의 견고함을 보여야 하는지 모릅니다. 그러나 그것 역시 여러분의 가치를 높게 보신 구주의 사랑의 징표입니다. 그는 여러분을 통해 아직도 이 땅에는 극심한 고통 가운데서도 인내하며 신실한 삶을 사는 백성이 있음을 사탄에게 보여주려는 것일 수 있습니다.

그러므로, 어떤 고난이 있을지라도 하나님의 사랑을 의심해서는 안 됩니다. 기억하십시오. 하나님은 상하고 통회하는 심령을 결코 멸시하지 않으십니다시 51:17.

요한 크리스토프 블룸하르트

27. 내 영혼을 보존하소서

나는 경건하오니 내 영혼을 보존하소서 내 주 하나님이여 주를 의지
하는 종을 구원하소서 시 86:2

    큰 위기에 처한 다윗이 하나님께 부르짖습니다. 우리도 수
시로 하나님께 부르짖습니다. 우리는 모든 것을 포기하고 싶을
만큼 아무런 소망이 보이지 않는 상태에 이르기도 합니다. 이
런 상황에서 우리는 자칫 하나님이 도우실 줄 모른다고 생각하
기 쉽습니다. 모든 것이 사라진 것 같고 더 이상 기도하고 싶은
마음이 들지 않을 것입니다. 이럴 때 우리는 절망 가운데 자포
자기할 수 있습니다. 그러나 모든 것은 불가능한 것을 가능하
게 하시는 하나님에 대한 여러분의 믿음과 신뢰에 달려 있습니
다.

    다윗은 하나님을 신뢰했으며, 자신을 "주의 종"이라고 생각
했습니다. 그는 모든 것을 계획하시고 그것을 성취하시는 그분
을 섬길 준비를 했습니다. 다윗은 종이기 때문에 이 일은 그에
게 달린 것이 아닙니다. 다윗은 단지 "나는 무엇을 해야 할지
모르며, 어찌할 바를 알지 못합니다. 그러나 오 주여, 당신은

어떻게 해야 하실지 아십니다"라고 부르짖었습니다.

그러나 우리는 그렇게 하기 어렵습니다. 우리는 자신의 주인이 되기를 원합니다. 우리는 모든 것을 자신의 힘과 방식으로 지배하고 싶어 합니다. 우리는 통제하고 싶어 하며 자신의 방식대로 되지 않으면 화를 내고 분개합니다. 우리는 하나님과 그의 자비와 권능에 전부를 내어놓지 않기 때문에 모든 것은 뒤죽박죽이 되고 우리는 몰락하게 되는 것입니다. 그것은 우리가 잠잠히 기다리며 겸손히 "오 하나님이여, 나를 도우소서"라고 기도하느니 차라리 벽에 머리를 처박겠다는 것과 같습니다.

다윗 왕은 하나님의 발 앞에 자신을 던졌습니다. 그는 종으로서 자신이 할 수 없는 일을 성취하시는 하나님을 온전히 신뢰했습니다. 다윗은 하나님께는 모든 것이 가능하며 그는 우리의 기도를 들으시고 그들을 돌보신다는 사실을 알았습니다. 우리가 믿음으로 붙들고 싶은 것은 바로 이러한 신앙입니다. 우리도 다윗처럼 "여호와께 피하는 모든 사람은 다 복이 있도다"시 2:12라고 외칠 수 있다면, 그의 도우심을 받을 수 있을 것입니다.

요한 크리스토프 블룸하르트

28. 입술로 하나님을 찬송하라

주신 이도 여호와시요 거두신 이도 여호와시오니 여호와의 이름이
찬송을 받으실지니이다 욥 1:21

욥은 자신의 모든 소유, 자녀들까지 거두어감을 당했습니다. 그러나 그는 "여호와의 이름이 찬송을 받으실지니이다"라고 외칠 수 있었습니다. 욥이 자신의 말을 얼마나 이해했는지는 알 수 없으나, 이 찬양의 말은 그가 하나님께 전적으로 순종적이었다는 사실을 잘 보여줍니다. 마침내 그의 말로 하나님은 만족하셨으며, 사탄은 처음부터 패배하고 말았습니다.

우리는 여기서 어떤 교훈을 배울 수 있습니까? 한 가지 확실한 것은 하나님의 계획이 크고 위대할수록, 지금 일어나고 일은 더욱 놀랍고 이해할 수 없다는 것입니다. 욥이 우리에게 주는 가르침이 있다면, 하나님이 우리를 치실 때는 언제나 훨씬 크고 선한 계획이 있기 때문이라는 것입니다. 욥기는 이것을 믿는 순전한 신앙이 얼마나 중요한지를 잘 보여줍니다. 이해되든 안 되든, 우리는 이러한 사실을 믿어야 합니다.

사랑하는 친구여, 무슨 일을 만나든 욥처럼 행동하고 하나

님을 찬양해야 한다는 사실을 잊지 말아야 합니다. 하나님이 실수하신 것이라거나, 하나님이 역사하지 않으신다거나, 하나님은 자기를 신실하게 따르지 않는 자를 버리신다고 생각하지 마십시오. 조심하십시오! 여러분이 하나님을 비난하기 시작할 때마다 여러분은 이미 그 길에서 벗어나 있는 것입니다. 여러분은 잘못된 길로 깊이 빠져 하나님을 완전히 떠나는 일이 없도록 매우 주의해야 합니다. 우리가 하나님의 뜻을 저버리고 저항할 때마다 얼마나 사탄을 기쁘게 했는지 생각해 보십시오. 우리로 말미암아 하나님이 얼마나 수치를 당하셨는지 생각해 보십시오.

우리의 신실함은 항상 시험을 받고 있다는 사실을 잊지 마십시오. 이 시험은 오직 우리가 모든 삶에서 하나님께 영광을 돌리고 하나님이 어떤 일을 행하시든 경건하고 조용히 그에게로 향할 때만 통과할 수 있습니다. 그렇게 할 때, 사탄은 패배하고 우리는 승리할 것입니다.

요한 크리스토프 블룸하르트

29. 하나님은 아신다

너희가 내 안에 거하고 내 말이 너희 안에 거하면 무엇이든지 원하는
대로 구하라 그리하면 이루리라 너희가 열매를 많이 맺으면 내 아버
지께서 영광을 받으실 것이요 너희는 내 제자가 되리라요 15:7-8

하나님은 우리의 기도가 이루어지지 않는 이유를 아십니다.
그러나 이루어져야 할 이유가 없는 기도가 얼마나 많은지 모릅
니다. 바울은 사탄의 사자육체의 가시를 제거해주기를 바랐으나,
주께서는 그에게 "내 은혜가 네게 족하도다"고후 12:7-9라고 말
씀하셨습니다. 우리는 자신을 불쌍한 자로 보아야 합니다.

기도에 대한 약속은 피상적으로 주어진 것이 아닙니다. 그러
므로 기도에 대한 응답이 없을 때도, 하나님은 여전히 그의 약
속에 신실하십니다. 또한 하나님은 기도에 응답하시지만, 결국
은 기도하는 자들의 열매를 보고 싶어 하십니다. 열매가 있어
야만, 하나님이 그 일로 영광을 받으실 수 있을 것입니다. 또한
우리도 그에게 합당한 찬양종종 부족할 때가 많지만을 돌릴 수 있을
것입니다. 우리는 무엇이든지 원하는 대로 구할 수 있으므로,
우리의 기도는 더욱 고상한 것에 초점을 맞추어야 하며, 하나

님의 나라와 그것의 성취를 목표로 삼아야 합니다.

결국 하나님은 어떻게든 우리가 구하는 모든 것을 이루실 것입니다. 하나님께 구하는 자는 모두 그에게 소중한 자입니다. 하나님께 나아오는 자는 구하지 않는 자보다 훨씬 하나님과 가까운 곳에 서 있습니다. 하나님은 모든 신실한 기도를 잊지 않으십니다. 그러나 그의 응답은 종종 우리의 기대와 다릅니다. 하지만 하나님은 종종 우리가 경탄해 마지않는 응답을 하십니다.

아직은 부족한 것이 많지만, 장차 임할 위대한 은혜의 때를 인내하며 기다립시다. 그날은 반드시 올 것입니다. 그날이 오면 하나님의 자비가 온전히 드러날 것이며, 그만큼 우리도 전적으로 변화할 것입니다. 그러므로 쉬지 말고 기도합시다. 천사들이 여러분의 소원을 아버지께 가져갈 것이며, 반드시 그의 응답이 이를 것입니다.

요한 크리스토프 블룸하르트

30. 굳게 서라

너희의 인내로 너희 영혼을 얻으리라 눅 21:19

모든 것이 엉망이 되어버린 때, 어둠이 승리한 것처럼 보이고 아무런 탈출구가 보이지 않을 때, 우리는 길이 참고 기다리며 인내해야 한다는 사실을 기억해야 합니다. 모든 것을 바꾸고 마침내 승리하실 하나님께 소망을 두어야 합니다.

우리가 지금 굳게 서지 못하면, 다가올 환난의 때는 더욱 견디기 어렵다는 사실을 알아야 합니다. 인내는 내적인 삶과 외적인 삶에 가장 유익한 "치료법"입니다. 그러므로 모든 길이 가로막혔을지라도 절망하거나 용기를 잃지 말아야 합니다. 여러분이 극한의 어려움을 통과해야 할지라도 견뎌내야 합니다. 구주의 품속으로 담대히 뛰어들어 그를 붙드십시오. 그가 언젠가는 은혜와 자비를 베풀어주실 것을 믿고 소망을 잃지 마십시오.

인내의 소망이 있다는 것은 여러분에게 믿음이 있다는 증거입니다. 여러분의 인내가 시험을 받지 않으면 여러분이 진정으로 신뢰하고 있는지 아닌지 어떻게 알겠습니까? 하나님의 징계에 순응하십시오. 그러면 여러분의 믿음이 사실로 입증될 것입니다.

많은 사람은 잘 믿는 것처럼 보이지만, 사실상 믿음은 인내를 통해서만 강해질 수 있습니다. 신념은 전적으로 신뢰하는 마음이 없는 한, 큰 의미가 없습니다. 그러므로 인내는 믿음의 외적 표현이라고 할 수 있습니다. 우리가 믿음으로 구원을 받는다면, 인내하는 법을 배워야 할 것입니다. 인내와 믿음은 함께 갑니다계 13:10.

그러므로 굳게 서서 어떤 어려움도 참아냅시다. 모든 고난 가운데 인내하며 십자가를 집시다. 장차 환난이 반드시 이를 것이라는 사실을 항상 염두에 둡시다. 그러나 장차 임할 환난의 때에 굳게 설 수 있도록 인내의 능력으로 무장함으로써 생명을 얻읍시다. 여러분은 이와 같이 굳게 섬으로써 영혼을 얻을 것입니다.

요한 크리스토프 블룸하르트

31. 담대하라

세상에서는 너희가 환난을 당하나 담대하라 내가 세상을 이기었노
라 요 16:33

우리의 가장 강력한 본능적 욕구는 가능한 빨리 고통과 질병에서 벗어나는 것입니다. 우리는 끊임없이 "이 고통에서 벗어나게 하소서. 우리에게 좋은 시절을 허락하셔서 다시 한번 모든 것이 회복되게 하소서"라고 기도합니다. 그러나 하나님은 항상 좋은 시절을 주시지는 않습니다. 우리는 이 땅에서 고난을 당할 수밖에 없으며, 무엇보다 중요한 것은 예수께서 자기를 돕는 백성에게 세상의 고통을 짊어지고 그들의 절망과 고난을 피하지 않게 하셨다는 것입니다.

먼저 이 길을 가신 구주는 하나님과 그의 영광을 위해 자기 십자가를 지셨습니다. 그는 죄가 없으시나 세상 죄, 곧 우리 죄를 지시고 모든 인생이 얼마나 연약하고 비참한 존재이며 사망과 멸망에 매여 있는 자인지 몸소 보여주심으로 하나님께 영광을 돌렸습니다. 이런 이유로, 구주는 주저 없이 "나의 하나님, 나의 하나님, 어찌하여 나를 버리셨나이까"마 27:46라고 부르짖

으셨습니다. 이 부르짖음은 우리의 가장 비통한 탄식이 되어야 할 것입니다. 이 반역적 세상 역시 하나님의 버림을 받았으나, 예수와 달리 자기 길을 가고 있습니다. 구주는 이에 대해 하나님께 탄식하십니다.

우리의 마음에도 이런 뜨거움이 있습니까? 우리 가운데 하나님께 탄식하는 자가 있습니까? 우리가 행한 죄악으로 인해 고통하는 자가 있습니까? 물론, 우리도 탄식하며 기도합니다. 그러나 우리의 탄식과 기도는 주로 자신과 자신의 필요를 위한 것이 아닙니까? 우리에게는 하나님을 위한 마음이 거의 없습니다. 그러나 그것이 우리의 고통이 되어야 할 것입니다. 우리가 원하는 것은 구주께서 하신 것처럼, 고난 가운데서도 오직 하나님께 영광을 돌리는 것이어야 합니다. 이것은 오직 우리가 구주의 고통과 죽음에 사로잡힐 때, 그리고 구주처럼 우리의 심령이 세상의 죄와 필요를 느낄 때 가능한 일입니다.

우리가 세상을 위해 탄식하며 자신을 하나님의 장중에 맡긴다면, 진실로 믿음으로 행할 수 있을 것입니다. 그런 믿음은 우리를 위한 것이 아니라 하나님과 그의 나라를 위한 열매를 맺을 것입니다. 그러면 하나님은 큰 기적으로 역사하실 것입니다. 그리고 때가 되면, 우리는 우리가 얻은 것을 보게 될 것입니다.

크리스토프 프리드리히 블룸하르트

When God Heals

치유를 약속하신 하나님

32. 하나님이 치유하실 때

왕은 진리와 온유와 공의를 위하여 왕의 위엄을 세우시고 병거에 오
르소서 왕의 오른손이 왕에게 놀라운 일을 가르치리이다 시 45:4

하나님이 진리와 공의의 잣대를 사용하실 때, 세상은 기적으로 가득 찰 것입니다. 하나님의 기적은 언제나 진리와 공의와 연결됩니다. 그의 행위가 결코 의미를 몰라 당황하거나 놀랄 만큼 이상한 일이 아닌 이유는 바로 이 때문입니다. 하나님의 기적에는 항상 빛이 있고 항상 의미가 있습니다. 하나님의 기적은 언제나 도덕적 가치를 가집니다. 그러므로 우리는 기적을 바랄 것이 아니라 "하나님이여, 우리의 집과 우리의 마음을 오직 주의 진리와 공의로 다스리옵소서. 우리를 상관치 마시고 주의 일을 하옵소서"라고 기도해야 할 것입니다. 그렇게 하면 필요한 기적이 일어날 것이며, 이루어져야 할 일은 모두 이루어질 것입니다.

어려운 일에 직면하여 어찌할 바를 모를 때, 여러분은 문제가 드러난 현장을 찾아가 바로잡으려 해서는 안 됩니다. 아니, 우리는 이 문제가 발생하게 된 배후의 진원지를 살피고 주께

바로잡아 주시기를 기도해야 합니다. 우리는 어딘가에 우리 힘으로 어쩔 수 없는 오류가 있음을 발견하게 될 것입니다. 그것을 제거하는 일은 하나님만이 하실 수 있습니다. 이 진리를 굳게 붙든다면, 여러분 내면의 상처가 치유함을 받을 것이며, 겉으로 드러난 문제도 해결될 것입니다.

우리 안에는 지금도 얼마나 많은 불의가 자리 잡고 있는지 모릅니다. 우리는 여전히 자기기만과 자만심으로 가득합니다. 겉으로는 아무런 문제가 없는 것처럼 보이지만, 신체적 고통은 결국 이처럼 잘못된 내면의 삶이 초래한 결과입니다. 물론 모든 문제나 질병이 죄의 직접적인 결과라는 말은 아닙니다. 그러나 확실히 이러한 고통이나 질병은 전체전인와 연결되어 있습니다. 모든 것은 사슬처럼 연결되어 있으며, 고질적인 악습은 개인의 죄와 마찬가지로 열매를 맺습니다. 그러나 우리가 참으로 진리와 공의에 따라 산다면 상황은 달라질 것입니다. 의료적 도움을 원하며 치유를 바라는 사람은 많지만, 하나님을 찾는 자는 얼마나 있습니까? 우리는 진정한 치유를 원하지 않는 것입니다. 나는 온전한 내적 회복이 아니라면, 하나의 기적만 바라지는 않을 것입니다.

나는 지금까지 몇 차례 심하게 아픈 적이 있으며, 그때마다 주님은 오직 병상을 통해 말씀하시기를 원하셨습니다. 내가 기꺼이 고통을 받아들이고 그것으로 인해 감사하며 하나님의 은혜의 빛이 비칠 수 있게 하는 순간, 서서히 하나님의 은사와 축복이 임했습니다. 통증이 없어지고, 나는 오직 하나님께 집중할 수 있었습니다. 기쁨과 평안이 찾아오고 고통은 햇볕에 밀려나는 구름처럼 사라졌습니다. 다시 말하면, 나는 평생 병으로 인해 말할 수 없는 복을 받았다는 것입니다. 내 집에 찾아온 많은 환자는 같은 경험을 했습니다.

오래 전, 나는 손을 다친 적이 있습니다. 나는 당시 손이 부러진 줄도 몰랐으나 고통이 심해 침상에 누워야 했습니다. 정신을 차린 나는 성한 손을 아픈 손 위에 올리고 두 시간 내내 하나님의 은혜와 능력이 임하기를 기도하며 감사를 드렸습니다. 나는 아무런 방해도 받지 않고 생명을 말씀을 받아들이고 다시 한번 하나님께 모든 초점을 맞출 수 있는 혼자만의 시간을 갖게 해 주신 것에 감사했습니다. 나는 당시 나의 소명은 영적으로 더욱 강화되고 신체적 고통은 점차 줄어드는 것을 느꼈습니다. 그 두 시간 동안, 나는 말로 표현할 수 없는 힘과 치유를 받았습니다.

몇 주 후, 한 의사가 나를 찾아왔습니다. 우연히 내 손을 본 그는 두 군데가 부러졌지만, 지금은 마치 네 주나 깁스해서 다 나은 상태처럼 보인다고 했습니다. 그의 말을 들은 나는 감사의 기도만 했던 두 시간 동안 하나님이 내 손을 고치셨다는 사실을 더욱 확신하게 되었습니다.

거의 34년이 지났지만, 나는 지금도 병은 기쁨과 감사함으로 기꺼이 받아들여야 한다는 생각을 고수하고 있습니다. 몸이 심하게 아플 적마다, 하나님은 나에게 중요한 교훈을 주셨습니다. 나는 고통은 짐이 되어서는 안 된다는 교훈을 배웠습니다. 대신에, 나는 잠잠히 기다리며 여호와를 향해 "주여, 나에게 원하는 것이 무엇입니까?"라고 물어야 한다는 것입니다. 하나님은 언제나 내가 무엇을 놓아야 하며 어떤 죄에서 돌아서야 하며 어떻게 전심으로 회개할 것인지를 분명히 보여주셨습니다.

크리스토프 프리드리히 블룸하르트

33. 마음의 문제를 해결하시는 하나님

그 후에 예수께서 성전에서 그 사람을 만나 이르시되 보라 네가 나
았으니 더 심한 것이 생기지 않게 다시는 죄를 범하지 말라 하시니요
5:14

오랜 지병을 앓고 있는 자는 누구나 도움을 받기를 원합니
다. 그러나 우리 가운데 새로운 생명을 원하는 사람은 얼마나
있습니까? 인간의 필요가 우리를 구주께 향하지 못하게 가로
막아서는 안 될 것입니다. 우리가 그런 것 때문에 하나님이 그
리스도를 통해 주신 위대하고 새로운 실재를 보지 못해서는 안
된다는 것입니다.

물론, 모든 해법이 고갈된 상태에서 우리의 문제를 들고 구
주께로 가는 것은 당연합니다. 그러나 자신의 죄 문제로 구주
를 찾는 자가 얼마나 됩니까? 우리는 겸손한 마음을 가져야 합
니다. 하나님은 태초에 인간이 고통보다 죄를 싫어하게 창조하
셨습니다. 우리는 새로운 세계에 들어가 우리를 감싸고 있는
거추장스러운 죄의 옷을 벗어 버려야 합니다.

위대한 의사이신 예수는 우리의 건강이 아니라 믿음을 위해

싸우십니다. 여러분은 이런 사실을 알고 있습니까? 하나님은 한두 사람이 아니라 많은 사람이 새 생명을 찾을 수 있도록 기적을 행하고 계십니다. 기적은 구주에게 참으로 고통스러운 행위입니다. 기적이 이 땅에서의 행복만을 추구한다면, 아무것도 남는 것이 없을 것입니다.

우리는 이 문제를 더욱 깊이 생각해 보아야 합니다. 우리가 죄로 말미암아 얼마나 두려운 사망과 끔찍한 악에 사로잡혀 있는지 생각해 보시기 바랍니다. 그런데도 우리는 여전히 우리의 필요와 고통의 근본적인 원인을 찾으려고 노력하지 않고 있습니다. 대신에 우리는 가장 가까이에 있는 작은 고통 하나를 절망으로 가득한 덩어리의 표면에서 걷어내어 구주께 가져갑니다. 우리는 "이 문제를 해결해 주소서. 그러면 다시 행복하겠나이다"라고 말합니다. 마치 그것이 도움이 될 것처럼 생각한다는 것입니다. 그러나 그것이 무슨 본질적인 의미가 있겠습니까? 구주께서 오늘날 수많은 병자를 고치신다고 해도, 그것이 인류에게 진정한 도움이 될 수 있겠습니까? 10년, 20년, 30년 후면 다 잊어버리고 모든 것은 원래대로 되돌아갈 것입니다. 외적 치료만으로는 진정한 도움이 될 수 없습니다. 하나님의 능력은 더욱 깊은 곳까지 이르러야 합니다.

오, 우리의 눈이 열려야 합니다! 예수님과 함께하면 그의 이름으로 세상의 모든 고통을 극복할 수 있다는 사실을 알아야 합니다. 주 안에 있는 자는 죄로 가득한 세상을 이긴다는 사실을 깨달아야 합니다. 우리가 죄의 고통에 직면할 때, 자신의 필요를 제쳐두고 우리를 용서하시고 자유롭게 하신 그분을 믿음으로 바라보며 신뢰할 수 있다면 얼마나 좋겠습니까?

크리스토프 프리드리히 블룸하르트

34. 날로 새로워지도다

그러므로 우리가 낙심하지 아니하노니 겉 사람은 낡아지나 우리의
속사람은 날로 새로워지도다 고후 4:16

우리는 치유를 받는 사람, 특히 기도의 응답으로 나은 사람
을 보면 기뻐해야 합니다. 그러나 우리는 그가 나았다는 사실
자체 때문에 기뻐하는 것은 아닙니다. 평생 병에 시달려야 하
는 사람도 많기 때문입니다. 오히려 우리는 구주께서 특정인에
게 행한 일, 즉 그의 마음이 변화를 받아 새로운 소망에 눈을
떴다는 사실로 기뻐해야 할 것입니다.

나는 고통 중에 있는 모든 사람에게 하고 싶은 말이 있습니
다. 물론 구주께 맡겨야 합니다. 그는 여러분이 희망을 품기를
원하십니다. 그러나 건강 회복에 모든 초점을 맞추어서는 안
된다는 것입니다. 구주도 아프셨습니다. 그는 "내가 병들었을
때 돌보았고"라고 말씀하셨습니다. 여러분은 병자가 있어야만
구주께서 그들 가운데 거하실 수 있다는 생각을 안 해 보았습
니까?

나는 종종 몸이 아프고 허약하다고 느낍니다. 나는 겨우 몸

을 지탱할 수 있을 뿐입니다. 나의 겉 사람은 점차 낡아지는 것 같습니다. 그러나 나는 버티고 나갑니다. 나는 나의 마음을 새롭게 하고 계속해서 감당할 수 있게 하는 하나님의 행위를 통해 새로운 힘을 얻을 때가 자주 있습니다. 중요한 것은 예수께서 우리의 아픔과 함께하신다는 사실입니다. 그러므로 사랑하는 친구들이여, 예수님이 여러분 안에서 역사하시게 해야 합니다. 여러분은 예수님이 여러분 안에 무엇인가를 행하시기를 바라야 하며, 특히 여러분을 통해 다른 사람에게 역사하실 수 있기를 소망해야 합니다.

우리는 병에 걸렸을 때 먼저 "주여 나를 고치소서. 내가 낫기를 원합니다"라고 기도할 것이 아니라 "주여, 당신의 뜻을 이루소서. 나는 당신이 뜻하신 바를 믿음으로 받아들이겠습니다"라고 기도해야 합니다. 악이 결정권을 갖지 않도록, 어둠이 지배하지 않도록, 기도하십시오. 여러분에게 닥칠 수 있는 모든 고통과 환난 중에, 심지어 그로 인해 찾아오는 사망과 절망 가운데서도, 오직 하나님만 바라보고 그가 무엇을 원하시는지에 초점을 맞추시길 바랍니다. 이것이 여러분의 가장 간절하고 절박한 염원이 되어야 할 것입니다.

여러분이 이런 마음을 가진다면, 하나님의 나라를 경험하게 될 것입니다. 여러분은 지금까지 어디서 도움이 오는지 알지 못했으나, 이제는 그 진원지를 알게 될 것입니다. 여러분은 모든 장애를 극복할 수 있을 만큼 강력하게 성장할 것입니다. 여리고 성이 무너지고 산들이 옮길 것입니다. 선하든 악하든, 지상의 어떤 세력도 더는 여러분을 압박하지 못할 것입니다. 이제 여러분의 마음은 오직 위로부터 오는 것으로만 채워질 것입니다.

크리스토프 프리드리히 블룸하르트

35. 고침을 받은 후

예수께서 예루살렘으로 가실 때에 사마리아와 갈릴리 사이로 지나
가시다가 한 마을에 들어가시니 나병환자 열 명이 예수를 만나 멀리
서서 소리를 높여 이르되 예수 선생님이여 우리를 불쌍히 여기소서
하거늘 보시고 이르시되 가서 제사장들에게 너희 몸을 보이라 하셨
더니 그들이 가다가 깨끗함을 받은지라 그 중의 한 사람이 자기가 나
은 것을 보고 큰 소리로 하나님께 영광을 돌리며 돌아와 예수의 발
아래에 엎드리어 감사하니 그는 사마리아 사람이라 예수께서 대답
하여 이르시되 열 사람이 다 깨끗함을 받지 아니하였느냐 그 아홉은
어디 있느냐 이 이방인 외에는 하나님께 영광을 돌리러 돌아온 자가
없느냐 하시고 그에게 이르시되 일어나 가라 네 믿음이 너를 구원하
였느니라 하시더라 눅 17:11-19

친구들이여, 한 가지 물어보겠습니다. 여러분이 열 명의 나
병환자 가운데 하나라면, "깨끗함을 받으라"는 하나님의 말씀
을 듣고 깨끗함을 받았을 때 어떤 생각이 들겠습니까? 만일 여
러분이 죄와 수치에서 깨끗함을 받고 여러분 안에 새 생명을
느낀다면 어떻겠습니까? 당신은 기쁘겠습니까? 아니면 부끄러
워하겠습니까? 당신은 하나님이 당신에게 "네 고통에서 벗어나

라"고 말씀하실 기회를 드리지 않겠습니까? 당신은 하나님이 당신을 고치시는 것을 거부하고 싶습니까? 만일 내가 또는 다른 사람이 당신에게 그런 말을 한다면 어떻게 하겠습니까? 당신은 "불가능합니다. 어떻게 그런 일이 일어날 수 있다는 말입니까"라고 대답하겠습니까?

하나님에게서 오는 도움은 우리가 인정하는 것보다 훨씬 자주 일어나고 있습니다. 그러나 우리 중에는 아홉 명의 나병환자에 속한 사람이 얼마나 많은지 모릅니다. 우리는 하나님께 감사하기 위해 다시 돌아온 사마리아 사람이 아닙니다. 우리는 기적적인 징표를 보아도 하나님께 영광을 돌리지 않습니다. 우리는 무엇을 들어도 무릎을 꿇으려 하지 않습니다. 우리는 자만심으로 가득 차서 결코 "나의 하나님이자 구주이신 주여, 당신만이 나를 도우실 수 있습니다"라고 말하지 못합니다.

여러분은 예수께서 지금 즉시 우리 가운데 계실 수 있지만, 동시에 조용히 한 편으로 밀려나실 수 있다는 사실을 알고 있습니까? 우리는 치유를 비롯하여 내면에서 일어나는 일을 경험하고 기뻐할 수 있지만, 즉시 잊어버리고 다시는 기억하지 않습니다. 우리 안에는 항상 자신을 지혜롭고 대단한 존재로 생각하는 인간적 요소가 있는 것처럼 보입니다. 그러나 정작 우리가 간절히 바라던 것은 놓쳐버립니다. 우리는 사람들의 생각이나 반응을 두려워한 나머지 그토록 갈망하던 것을 놓칩니다. 우리는 구주를 우리를 돕는 자로 받아들이지만, 그의 이름을 언급하기를 두려워한 나머지 침묵을 지킵니다.

우리가 예수께서 무슨 일을 하실 수 있는지 증거할 용기가 없다면, 수시로 교회로 가서 바른 교리에 파묻혀 지낼 수 있습니다. 그러나 하나님의 지상 사역에서는 장애물로 남을 것입니다. 우리는 원한다면 구주에 대해 마음껏 말할 수 있지만, 그가 영광을 받지 못하신다면 무슨 소용이 있겠습니까? 우리는 병 고침을 받을 수 있지만, 죄로 말미암아 영원히 죽을 것입니다. 우리가 사람들 앞에서 하나님을 찬송할 때만, 하나님이 우리의 세계에 들어오실 수 있습니다. 그러면 우리도 사마리아 사람처럼 우리의 믿음이 우리를 구원했다고 말할 수 있을 것입니다.

크리스토프 프리드리히 블룸하르트

36. 우리를 낮추시는 하나님

여호와께서 나를 심히 경책하셨어도 죽음에는 넘기지 아니하셨도다 내게 의의 문들을 열지어다 내가 그리로 들어가서 여호와께 감사하리로다 이는 여호와의 문이라 의인들이 그리로 들어가리로다 주께서 내게 응답하시고 나의 구원이 되셨으니 내가 주께 감사하리이다
시 118:18-21

하나님은 먼저 우리를 겸손하게 하지 않고는 우리를 돕는 일이 없습니다. 그러므로 다윗은 하나님이 자신을 낮추심과 구원해주심을 함께 감사했던 것입니다. 우리의 마음이 교만하다면, 우리가 무가치하고 가련한 자임을 깨닫고 불쌍한 죄인으로서 그의 날개 아래 품어주시기를 원하지 않는다면, 어떻게 우리가 하나님의 도움이나 특별한 관심이나 치유를 기대할 수 있겠습니까?

정직합시다. 우리는 하나님의 도움을 받을 자격이 없는 자들입니다. 우리는 하나님을 떠나게 한 많은 행위로 인해 고발을 당했습니다. 하나님은 모든 것을 바로 잡으시지만, 온갖 위기와 걱정거리로 우리를 코너로 몰아넣으시는 방법을 통해서 그렇게 하십니다. 그는 우리가 하나님의 품으로 온전히 돌아와

참회할 때까지 우리를 낮추십니다.

우리가 겪는 고통은 모두 우리를 낮추기 위한 것입니다. 그것은 우리가 스스로 설 수 없다는 사실을 깨닫게 합니다. 우리는 비로소 타인의 손안에 있는 존재임을 깨닫습니다. 우리는 외부에서 오는 도움의 손길이 없이는 살 수 없는 사람입니다. 이것이 인간의 모습입니다. 그러므로 우리는 어려움에 빠지면 겸손한 자세로 도움을 구해야 합니다. 그러면 하나님이 도우실 수 있습니다. 우리가 낮아질 때마다 하나님께 감사해야 하는 이유는 이 때문입니다. 하나님이 우리를 낮추시는 것은 우리에게 복을 주시기 위함입니다. 그러므로 감사합시다. 지금 즉시 꿇어 경배합시다.

요한 크리스토프 블룸하르트

37. 내적 치유가 우선이다

그리스도께서 이미 육체의 고난을 받으셨으니 너희도 같은 마음으로 갑옷을 삼으라 이는 육체의 고난을 받은 자는 죄를 그쳤음이니 그 후로는 다시 사람의 정욕을 따르지 않고 하나님의 뜻을 따라 육체의 남은 때를 살게 하려 함이라벧전 4:1-2

만일 우리가 행복과 건강을 바라면서도 돌아서지 않는다면, 잘못된 방향으로 가고 있는 것입니다. 회개가 없으면 치유의 은사가 시작될 수 없습니다. "주여, 우리를 고통과 탄식으로 몰아넣은 저주를 제거하여 주옵소서"라고 부르짖는 회개가 없는 한, 결코 하나님의 치유를 맛볼 수 없다는 것입니다. 이것은 우리를 아프게 한 후 다시 낫게 하는 게임이 아닙니다. 구주는 그런 놀이에 관심이 없습니다. 여러분에게 필요한 것은 겸손히 엎드려 회개하는 것입니다.

물론, 회복을 원하는 것이 잘못된 것은 아닙니다. 그러나 먼저 우리가 누구며 하나님이 원하시는 모습이 어떤 것인지 생각해 보지도 않고 어떻게 건강을 바랄 수 있겠습니까? 우리가 내면에 대해 더욱 많은 관심을 기울인다면, 참으로 많은 고통을 덜 수 있을 것입니다. 주 예수는 확실히 우리를 돕고 치유하시는 분이지만, 치유의 궁극적인 대상은 우리의 영혼입니다. 모든 사역에서 그가 돌보신 것은 우리의 영혼입니다. 그러므로 병 고침보다 깨끗함을 받는 것이 훨씬 중요합니다. 여러분이 예수께 마음을 드린다면 그의 선하심을 맛볼 것입니다. 죄사함을 받으면 치유가 따르고 모든 것이 정상적으로 회복될 것이기 때문입니다.

크리스토프 프리드리히 블룸하르트

38. 하나님의 치유는 선을 이룬다

우리가 알거니와 하나님을 사랑하는 자 곧 그의 뜻대로 부르심을 입
은 자들에게는 모든 것이 합력하여 선을 이루느니라 롬 8:28

나는 바젤의 선교학교에서 가르칠 때 고열에 시달린 적이 있으며, 의사는 천연두라는 진단을 내렸습니다. 다음날 밤, 나는 조용하고 침착하면서도 간절한 마음으로 하나님을 붙들었습니다. 자정이 지난 어느 한 시점이었습니다. 갑자기 한 손이 나를 머리부터 발끝까지 쓰다듬는 것 같았으며, 나는 그 순간 매우 상쾌함을 느꼈습니다. 그러나 워낙 쇠약해 있던 나는 그 후에도 한 주간 더 병상에 누워있어야 했습니다.

병상에 누워있을 당시, 나는 집에서 일하는 한 여자에 대한 적대적인 생각과 끊임없이 싸워야 했습니다. 평소에 나를 친절하게 대해주었던 그가 지금 유독 나의 심기를 불편하게 만든다고 생각했던 것입니다. 그러나 이처럼 단정적인 나의 태도는 기도의 진지함과 마음의 평온을 앗아갔습니다. 크게 당황한 나는 자신을 자책했으며, 이처럼 끔찍한 생각을 제거하고 평안한 마음을 갖게 해 달라고 간절히 기도했습니다. 그러나 효과가

없었습니다. 나는 마치 악한 생각의 구렁텅이 속에 사는 것 같았습니다.

결국 나는 조급함에서 놓여나 이런 생각에서 벗어나기로 결심했습니다. 나는 더 이상 이런 생각과 싸우지 않을 것이며 오직 하나님만 신뢰할 것입니다. 그리고 얼마 있지 않아 모든 나쁜 생각이 사라지고 좋은 생각들이 자리 잡았습니다. 나는 이 모든 과정을 통해 한 가지 중요한 사실을 배웠습니다. 그것은 지나치게 치열한 자신과의 싸움은 유익하지 않으며, 육신의 본성은 내버려두고 그것을 부추겨 솟구쳐 나게 해서는 안 된다는 것입니다.

물론 병으로 인해 새로운 것이 찾아올 때가 있습니다. 실제로 하나님은 모든 것을 합력하여 선을 이루십니다. 그러나 나는 성경에서 병 자체가 우리를 죄에서 자유롭게 한다는 말을 들어본 적이 없습니다. 병 자체는 구원하는 힘이 없습니다. 사실 가장 악한 죄는 우리가 심하게 아플 때 드러나기도 합니다. 우리는 병자 가운데 가혹하고 무자비한 태도로 주변 사람을 괴롭히는 사람들이 있다는 것을 잘 압니다. 그들의 지독한 자기애, 영적 자부심, 뻔뻔함, 자신에 대한 과대평가, 교조적 사고 및 거짓 신앙은 끔찍할 정도입니다. 그들을 돌보는 자들이 그들로 인해 얼마나 큰 고통과 슬픔을 당하는지 모릅니다.

우리 가운데 고통으로 죄에서 벗어날 수 있는 자는 아무도 없습니다. 그러나 하나님은 질병을 통해 자기 백성을 단련시킨

후 돌아오게도 하십니다. 실제로 하나님은 종종 극심한 신체적 고통 가운데 있는 우리에게 은혜를 베푸시고 죄의 삶에서 돌이키게 하십니다. 그러나 병의 역할은 그것이 전부입니다. 우리는 병 자체가 하늘로 올라가게 하는 도구인 것처럼 생각해서는 안 됩니다. 병은 우리를 하나님과 십자가로 향하게 해야 합니다. 병은 유익한 용도로 사용될 수 있지만, 그것은 어디까지나 하나님이 죄와 싸우는 우리의 영적 전쟁을 승리로 이끄시려는 선한 목적을 위해 그것을 사용하시는 경우에 한해서입니다. 그의 십자가가 우리의 마음을 지배할 때, 우리는 나음을 입고 자유를 누리게 될 것이며 더는 죄의 먹이가 되지 않을 것입니다.

요한 크리스토프 블룸하르트

39. 가장 중요한 일

그런즉 너희는 먼저 그의 나라와 그의 의를 구하라 그리하면 이 모든 것을 너희에게 더하시리라 마 6:33

병은 종종 나를 더욱 큰 침묵으로 인도하여 하나님이 데려가고 싶은 길을 다시 찾게 합니다. 사람들은 내가 회복된 후, 다시 예전 방식으로 활동을 시작할 것으로 생각합니다. 그러나 시대와 소명은 변하며, 우리는 예전의 습관적 방식을 고수해서는 하나님을 기쁘시게 할 수 없습니다. 그 대신, 우리는 새로운 길을 보여주는 표지들에 주의를 기울여야 합니다.

이제 나는 병들었기 때문에 뒤로 물러나야 하며, 다시 예전의 나로 돌아가서는 안 됩니다. 나는 내가 뒤로 물러나면 구주께서 자신의 소유인 나의 마음속으로 더욱 깊이 들어올 것이라고 믿습니다. 나는 이 상황이 나와 가까운 자들과의 관계를 한 걸음 더 나아가게 하는 단계가 될 것이라고 믿습니다.

나로서는 더 이상 다른 사람의 건강 문제에 특별한 방식으로 개입하는 것이 필요치 않다고 생각합니다. 나는 여전히 기도하겠지만, 내가 가장 우선적으로 기도하고 싶은 것은 하나님의 나라입니다. 우리의 교제는 하나님이 우리를 신체적으로 낮게 하시느냐 아니냐에 달려 있지 않습니다. 우리에게는 구주와 그의 나라가 있으며, 따라서 우리는 하나입니다. 구주와 그의 나라는 우리의 삶의 목적이며, 우리는 이 목적을 위해 기꺼이 모든 것을 포기할 수 있습니다. 하나님의 나라를 구하는 자는 무엇보다도 자신에게 필요한 모든 것을 받아야 합니다.

우리는 다른 사람을 중재할 때 하나님의 나라에 초점을 맞추어야 하며, 자신의 이해관계가 아니라 예수 그리스도의 유익을 생각하며 온전히 기뻐하고 신뢰해야 합니다. 우리는 단지 외적인 필요를 채우기 위해 하나님께 나아오는 행위를 멈추어야 합니다. 반복되는 말이지만 하나님은 우리의 교제를 매우 중요하게 보시며, 이러한 사귐은 우리가 중재를 통해 얻을 수 있는 어떤 것보다 훨씬 고귀합니다요일 1:1-4. 치유도 한 가지 일이지만, 구주께서 진정으로 원하시는 것은 우리를 더욱 자유롭게 주관하시는 것입니다.

그러므로 우리는 하나님이 우리에게 원하시는 것 앞에서 전율하지 않을 수 없습니다. 특히 하나님이 우리에게서 무엇을 가져가기로 하셨다면, 우리는 그것에 대비할 필요가 있습니다. 하나님은 종종 우리가 생각하거나 원하는 것과 다른 길을 택하기도 하십니다. 그럴 때 우리는 침묵해야 하며, 특히 병상에서는 더욱 잠잠히 기다려야 합니다. 그러면 하나님이 그의 나라의 유익이 되는 무엇인가를 직접 주실 것입니다.

크리스토프 프리드리히 블룸하르트

See What God Can

하나님이 하시는 일을 보라

40. 기적을 행하시는 구주

이에 예수께서 그들의 눈을 만지시며 이르시되 너희 믿음대로 되라
하시니 그 눈들이 밝아진지라 예수께서 엄히 경고하시되 삼가 아무
에게도 알리지 말라 하셨으나 그들이 나가서 예수의 소문을 그 온 땅
에 퍼뜨리니라 마 9:29-31

예수님은 사람들이 그의 기적을 떠벌리는 것을 원하지 않았
습니다. 그는 언제나 기적보다 다른 것을 더 마음에 두고 계셨
습니다. 예수께서 기적을 행하실 때, 가장 중요하게 생각하신
것은 더욱 진지하고 경건한 마음입니다. 예수님의 자비로운 행
위는 세속적인 것을 초월한, 더욱 중요한 무엇을 보여주는 표
지입니다. 그는 내면의 속 사람에게 다가가신 것입니다.

예수께서 궁극적으로 원하신 것은 그에게 사로잡힌 자들이
하나님 나라를 신성히 여기고 그를 따르는 자가 되는 것이었습
니다. 예수님의 기적은 경천동지할 현상을 통해서가 아니라 영
혼을 더욱 깊이 인도할 수 있는 간단한 방법을 통해, 하나님의
능력 이상의 것을 보여주었습니다. 그의 기적은 그것을 눈치챈
자가 거의 없을 정도로 평범했습니다. 실제로 아무도 특별한

것을 보지 못할 때도 있었습니다. 그러나 분명한 것은, 긍휼이 풍성하신 예수께서 사람들 속에 자신이 베푼 것과 똑같은 사랑을 일깨워주었다는 것입니다. 예수님의 말과 행동은 모두 그의 마음에서 직접 나와 사람들의 마음을 어루만지심으로 하나님께 찬송과 영광을 돌리게 했습니다. 한 마디로, 그의 치료의 손길은 모든 사람에게 하나님의 영광과 사랑을 가시적으로 보여주었던 것입니다.

이렇게 해서 예수님은 하나님의 능력으로 모든 사람과 만물을 구원하시는 기적의 구주가 되신 것입니다. 이 예수님은 오늘날 우리에게도 기적을 행하시는 구주십니다. 만일 이처럼 전능한 행위가 없었다면, 그는 단지 선생으로 남았을 것입니다. 그러나 우리는 예수님이 우리의 주가 되심을 알고 있습니다. 부디 이 복음이 온 세상에 편만하게 전파되기를 소원합니다.

✚　✚　✚

하나님의 가장 큰 기적은 병자에게 일어난 일이 아닙니다. 그런 것은 그다지 중요하지 않습니다. 그보다 중요한 것은, 우리가 건강한 사람에게 일어나고 있는 일이나 세상과 사람들의 삶 속에서 일어나고 있는 변화를 보는 눈입니다. 하나님이 행하신 일 가운데 어떤 기적을 예로 들 수 있을까요? 총을 쏠 필요가 없는 전쟁을 예로 들어봅시다. 여러분은 그것이 가능하다고 생각합니까? 그런 생각은 모든 사람에게 웃음거리가 될 것입니다. 그러나 실제로 이스라엘에서 이런 일이 일어나지 않았습니까?수 5:13-6:27 오늘날 우리에게 어떤 것보다 필요한 것은 바로 이와 같은 기적입니다. 그래야만 우리가 붙들고 있는 모든 것을 살아계신 그분의 장중에 맡길 수 있을 것입니다. 물론, 실제로 하나님으로부터 무엇인가가 나온다면 하나님의 때에 하나님의 방식으로 나올 것입니다. 우리에게 필요한 것은 하나님의 실재가 우리의 삶 속으로 다시 한번 들어오는 것입니다.

요한 크리스토프 블룸하르트

41. 잠잠히 하나님만 바라라

너희가 돌이켜 조용히 있어야 구원을 얻을 것이요 잠잠하고 신뢰하
여야 힘을 얻을 것이거늘 너희가 원하지 아니하고 사 30:15

이사야는 하나님의 백성이 대적의 침략으로 큰 위기에 빠진 시대에 말씀을 전한 선지자입니다. 우리는 그들이 복수와 피에 굶주린 살인적 약탈자의 먹이가 되었을 때 얼마나 큰 불안과 동요와 당황스러움을 느꼈을지 상상해볼 수 있습니다.

이러한 절망적 상황에 이르면, 광기에 가까운 불안으로 두려워 부르짖는 것이 당연합니다. 그러나 이사야는 하나님의 백성이 인내와 소망을 가지고 잠잠히 기다렸다고 말합니다. 고난 가운데 잠잠히 신뢰하는 법을 배운 자는 길을 찾을 것이며 도움을 발견하게 될 것입니다. 그들의 눈은 더욱 크게 열리고 그들의 감정은 더욱 침착할 것이며, 큰 불안과 분노에 휩싸여 동요했다면 결코 보지 못했을 조그만 탈출구를 발견하게 될 것입니다.

나는 예전에 포도원에서 말벌을 본 적이 있습니다. 포도나무 가지 사이에는 뚜껑을 열고 설탕이나 꿀을 바른 흰색의 작은

병들이 달려 있었습니다. 달콤한 냄새에 취해 병 안으로 들어간 말벌들은 꼼짝없이 갇혀 어쩔 줄 몰라 했습니다. 이유는, 일단 병속에 들어간 말벌은 허둥지둥하며 계속해서 유리를 통해 탈출하려 하기 때문입니다. 말하자면 당황한 말벌들은 모두가 안전하게 나올 수 있는 위쪽의 출구를 잊어버린 것입니다. 말벌들은 결국 한 마리도 밖으로 나오지 못하고 모두 병 안에 갇혀 죽었습니다. 나는 그때 우리 인생도 이런 식으로 불안에 싸여 우왕좌왕하고 있다는 사실을 깨닫게 되었습니다. 우리가 하나님이 하시는 일을 보지 못하는 것은 이러한 영적 불안 때문이라는 사실을 인식하지 못한 채 계속해서 벽에 머리를 부딪치고 있습니다. 결국 길을 잃게 될텐데 자신 외에는 누구도 탓할 수 없을 것입니다. 이제 평안을 잃어버린 우리의 마음은 모든 것을 잃어버릴 위기에 처하고 말았습니다.

선지자는 우리가 조용하면 강해질 것이라고 말합니다. 잠잠히 기다리는 영은 일어나서 확신과 용기를 주시는 하나님을 바라볼 것입니다. 그리고 "나는 할 수 없으나 하나님은 하실 수 있다"라고 생각할 것입니다. 우리는 하나님이 누구신지, 인류를 향한 그의 뜻이 무엇인지, 우리가 어떤 식으로 예수 그리스도를 통해 구원받기를 원하시는지, 새롭게 각인할 수 있을 것입니다. 우리는 이런 생각을 통해 내적 힘과 용기를 얻을 것이며, 그의 영을 통해 영적 통찰력과 평안을 얻게 될 것입니다.

우리가 선지자의 말씀을 받아들이기까지 남은 시간이 얼마나 될지 모르겠습니다. 늦기 전에 소망을 가지고 하나님께 돌아갑시다. 그가 우리를 모든 면에서 도우실 것입니다. 우리는 그저 하나님이 하시는 일을 잠잠히 바라보기만 하면 됩니다.

요한 크리스토프 블룸하르트

42. 언제나 열려 있는 문

주께서 내 영혼을 사망에서, 내 눈을 눈물에서, 내 발을 넘어짐에서
건지셨나이다 시 116:8

다윗은 목숨을 잃을수도 있는 치명적인 위기에 처했습니다.
그러나 하나님은 그를 구원해주셨습니다. 그러므로 다윗은 자
신을 넘어짐에서 구원해주신 하나님을 찬양했습니다. 만일 우
리가 우리의 고통과 절망 가운데서 탈출구를 발견하지 못한다
면 상심하여 넘어질 것입니다. 낙심과 절망에 빠진 우리는 하
나님을 원망하고 싶을 것이며, 하나님과 그의 약속을 믿지 못
할 것입니다. 우리는 심지어 잘못된 길에 빠져 죄를 범할 수도
있으며, 모든 일을 스스로 해결하려다 보면 넘어져서 매우 위
험한 상황에 부닥치게 될 것이 분명합니다. 우리가 믿음의 시
험을 받을 때 버텨내지 못한다면, 영원한 사망의 문턱까지 이
르게 될 것입니다.

그러나 자비하신 하나님은 우리가 감당하지 못할 시험을 허
락하지 않으십니다. 하나님은 우리가 넘어지기 직전에 빠져나
갈 기회를 제공하십니다. 다윗은 그런 일을 경험했습니다. 하

나님은 그를 모든 위험에서 구원하셨습니다. 우리도 이런 경험을 할 수 있습니다. 확실히 우리 앞에는 지금도 유혹과 갈등이 있습니다. 그러나 우리에게는 신실하신 하나님이 끊임없이 베푸시는 도움과 위로가 있습니다. 우리를 도우시는 하나님은 계속해서 기쁨과 평안의 때를 허락할 것입니다.

요한 크리스토프 블룸하르트

43. 이적과 기사

예수께서 제자들 앞에서 이 책에 기록되지 아니한 다른 표적도 많이
행하셨으나 오직 이것을 기록함은 너희로 예수께서 하나님의 아들
그리스도이심을 믿게 하려 함이요 또 너희로 믿고 그 이름을 힘입어
생명을 얻게 하려 함이니라 요 20:30-31

하늘에 계신 아버지가 무엇을 행하실 때, 우리는 모든 눈과
귀를 열어야 합니다. 그러나 오늘날 우리는 기적이 일어날 때
마다 봉인해서 숨겨버리고 비밀로 합니다. 이런 이유로 우리는
기적의 복을 받지 못하고, 주변 사람들은 더 이상 우리의 말을
듣고 싶어 하지 않는 것입니다.

우리는 어디서 어떤 표적을 보든, 우리의 존재 전체는 하나
님에 대한 찬양으로 가득해야 합니다. 만일 우리가 세상에 대
한 사랑과 긍휼로 우리의 마음을 가득 채울 수 있는 믿음을 가
진다면, 우리가 하나님이 우리에게 보내시는 표적과 기사를 통
해 죄인을 오래 참고 기다리며 친구와 이웃을 온유한 마음으로
대하는 법을 배울 수 있다면, 이러한 경험을 자신 속에 가두어
두지 않고 세상으로 나가 "나는 여러분의 종입니다. 나는 여러

분을 섬기고 돌보겠습니다"라고 말한다면, 우리가 교만하지 않고 겸손히 행한다면, 표적과 기사가 우리를 위선적인 종교인이 아니라 진정한 신자가 되게 한다면, 그러면 선이 승리할 것이며 우리는 더 많은 표적과 기사를 요구할 수 있을 것입니다. 이것이 바로 하늘에 계신 아버지의 뜻입니다. 그리고 모든 표적은 이런 결과로 이어져야 할 것입니다.

나는 기적을 통해 온 가정이 구주께 나아오고 그로 말미암아 그리스도께서 더 많은 기적을 행하시는 것을 보았습니다. 그러나 이런 일은 훨씬 더 자주 일어나야 합니다. 참으로 표적을 경험한 사람, 하늘에 계신 아버지가 선을 행하신 사람은 모두 새 사람이 되어야 합니다. 그들은 진실한 믿음을 가져야 하며, 온 몸과 마음이 거룩한 것들로 가득해야 합니다.

병 고침의 경우, 가장 중요한 것은 이 곤고한 땅에 하늘의 것이 드러났다는 사실입니다. 그것을 붙들고 놓아주지 마십시오. 여러분이 기적적으로 고침을 받고도 여전히 땅의 것에만 집착한다면 무슨 유익이 있겠습니까? 여러분이 죽을병에 걸렸으나 구주께서 고치신 것을 당연한 것으로 여겨 자신의 가족과 자신의 사업만 생각한다면 무슨 유익이 있겠습니까? 우리의 눈을 위로 향합시다. 오직 위의 것만 찾읍시다. 그곳에 여러분의 상이 있습니다. 표적과 기사를 경험한 후에는 반드시 그에 상응하는 변화가 있어야 합니다.

어려움에 부닥쳤을 때, 구주께 나아가 "주여 우리를 도우소서"라고 부르짖읍시다. 그러나 우리는 그가 무슨 말씀을 하시는지 귀를 기울여야 합니다. 하나님의 도움을 받았다면 하나님의 뜻을 행합시다. 우리가 세상적 방식에서 벗어나 오직 예수의 이름으로 살아갈 수 있게 해 달라고 기도합시다.

크리스토프 프리드리히 블룸하르트

44. 불가능이 없으신 하나님

여호와께 능하지 못한 일이 있겠느냐 창 18:14

아브라함과 사라는 둘 다 나이가 많아 늙었으나 자식이 없었습니다. 그러나 하나님은 아브라함에게 "여호와께 능하지 못한 일이 있겠느냐"고 말씀하셨습니다. 이천 년 전, 마리아에게도 비슷한 일이 있었습니다. 마리아도 자신이 아들을 낳을 것이라는 말씀을 믿지 못했습니다. 그러나 천사는 그에게 "대저 하나님의 모든 말씀은 능하지 못하심이 없느니라"눅 1:37고 말했습니다. 예수께서 제자들에게 부자는 하늘나라에 들어가기 어렵다고 말씀하실 때도 같은 말씀을 하셨습니다. 실망한 제자들이 "그렇다면 누가 구원을 얻을 수 있으리이까"라고 묻자 예수님은 "사람으로는 할 수 없으나 하나님으로서는 다 하실 수 있느니라"마 19:23-26고 대답하셨습니다.

예수님은 그의 사역을 통해, 하나님께는 불가능한 것이 없다는 사실을 몸소 보여주셨습니다. 그는 우리가 할 수 없는 일을 능히 행하셨습니다. 이렇게 해서 예수님은 우리의 믿음을 완전히 새로운 방향으로 이끄셨던 것입니다. 그는 물을 포도주로 변하게 하시고, 몇 조각의 떡과 생선을 가지사 축사하심으로 큰 기적을 베푸셨으며, 나사로를 죽은 자 가운데서 살리셨습니다. 그것은 오늘날 사람들의 머리로는 이해할 수 없는 완전한 기적이었습니다. 그러나 예수님은 믿는 자들을 위해 하나님의 사랑을 나타내시고, 인간의 힘으로 할 수 없는 일을 하실 수 있다는 사실을 보여주신 것입니다.

오늘날 우리의 믿음도 이러한 확신이 필요합니다. 이처럼 큰 기적이 어디서든 일어나야 하는 것은 아닙니다. 그러나 필요하다면, 하나님은 불가능한 일을 하실 수 있습니다. 우리가 섬기는 하나님은 선하신 분입니다. 그는 우리에게 기꺼이 기적을 보여주실 것입니다.

하나님이 아무것도 없는 데서 하늘과 땅을 창조하신 것처럼, 지금도 아무것도 없는 곳에서 무엇인가를 만드실 수 있습니다. 그는 지금도 물이 피가 되게 하고 오병이어의 기적을 베푸시고 죽은 자를 살리실 수 있습니다. 하나님에게 불가능은 없다고 믿는 자들이 큰 무리를 이루어 일어나기까지 그의 나라는 완성되지 않을 것입니다. 하나님은 오직 자신만이 할 수 있는 일을 하고 싶어 하십니다. 그리고 하나님은 그 일을 다시 하실 것입니다. 왜냐하면, 오직 하나님만이 피조세계의 한숨과 탄식을 끝내실 수 있기 때문입니다.

요한 크리스토프 블룸하르트

45. 믿음을 초월한 기적

나은 사람이 베드로와 요한을 붙잡으니 모든 백성이 크게 놀라며 달려 나아가 솔로몬의 행각이라 불리우는 행각에 모이거늘 베드로가 이것을 보고 백성에게 말하되 이스라엘 사람들아 이 일을 왜 놀랍게 여기느냐 우리 개인의 권능과 경건으로 이 사람을 걷게 한 것처럼 왜 우리를 주목하느냐 아브라함과 이삭과 야곱의 하나님 곧 우리 조상의 하나님이 그의 종 예수를 영화롭게 하셨느니라 너희가 그를 넘겨 주고 빌라도가 놓아 주기로 결의한 것을 너희가 그 앞에서 거부하였으니 행 3:11-1-3

하나님이 이 땅에서 어떻게 일하시며 어떻게 모든 것을 바로잡으실 수 있는지 제대로 이해하는 사람은 거의 없습니다. 우리는 오직 인간적 관점에서만 사물을 볼 뿐입니다. 우리가 받은 교육은 기적을 볼 수 없게 합니다.

이러한 현대적 관점에도 불구하고, 나는 비록 자기만의 비밀이라고 할지라도 기적이 일어난다면 지극히 기뻐하지 않을 사람은 없을 것으로 생각합니다. 갑자기 불치의 병에서 회복될 수 있다면, 그는 결코 거부하지 않을 것입니다. 아니, 그는 극도로 기뻐하며 큰 소리로 "나는 기적적으로 회복되었다"고 외칠 것입니다. 이것이 바로 대부분 사람이 가지고 있는 본심입니다. 그들은 정확히 이런 일, 즉 현대 의학이 할 수 없는 그 일을 해주는 구주를 기다리고 있습니다.

우리는 전적으로 무기력한 상황, 사람이 알고 있는 모든 능력이 아무런 효력을 발휘할 수 없는 상황이 존재한다는 것을 알고 있습니다. 우리의 삶에서 믿음을 완전히 배제하지 못하는 이유는 그 때문입니다. 그것은 우리의 복잡한 세상이 믿음의 불에, 어디선가 솟아오르는 믿음의 열망에, 얼마나 찬물을 끼얹느냐와 무관합니다. 믿음, 특히 우리의 기대와 이해를 넘어서는 하나님의 표적을 갈망하는 믿음은 우리가 통로를 만들지 않아도 분출하게 되어 있습니다. 이러한 열망이 만족을 얻지 못하면, 사람들은 신비하고 놀라운 힘을 발휘하여 그것을 찾으러 뛰쳐나갈 것입니다.

놀라운 힘을 가진 것으로 알려진 거룩한 시계를 보기 위해 독일의 트리어Trier로 떠나는 수많은 순례자를 생각해 보십시오. 사랑하는 친구들이여, 수천 명의 사람을 트리어로 발걸음을 옮기게 한 힘은 기본적으로 열 명의 나병환자에게 일어난 예수를 보아야겠다는 충동과 같습니다. 목적지는 다르지만, 그들을 움직이게 한 힘은 같다는 것입니다. 그것은 우리가 이해하거나 볼 수 없지만 꼭 필요한 무엇에 대한 갈망입니다.

오늘날 우리가 직면하는 가장 큰 비극 가운데 하나는 더 이상 기적을 믿지 않는다는 것입니다. 그것은 불가사의한 힘이나 과학에 의한 기적이 아니라 사람들을 예수께 인도하는 기적, 하나님의 참된 말씀에 의한 기적을 믿지 않는다는 것입니다. 우리는 질병과 사망에서 해방될 수 있다는 사실을 믿습니까? 우리는 우리의 본성에 내재된 혼란으로부터, 어리석은 꿈과 야망과 죄로부터, 자유로워질 수 있다는 사실을 믿습니까? 참으로 그런 일이 가능하다고 믿습니까? 아니면 그런 일은 불가능하며 거짓말일 뿐이라고 생각합니까?

크리스토프 프리드리히 블룸하르트

46. 선하신 하나님

만군의 여호와께 감사하라, 여호와는 선하시니 그 인자하심이 영원
하리로다 렘 33:11

하나님은 수많은 지상의 영혼들과 떨어져 오직 홀로 계신다
는 생각은 지극히 편협한 생각입니다. 그는 전능하신 하나님,
만군의 주십니다. 하나님은 큰 군대를 거느리시고 우리를 돕는
종들을 보내십니다. 하나님은 누구든지 불러 "너는 아무개에게
가라"고 말씀하시고, 다른 사람을 불러 "너는 아무개에게 가
라"고 말씀하실 수 있습니다. 그에게는 각 사람에게 보낼 수 있
을 만큼 많은 종이 있습니다. 하나님은 모든 것을 바로 잡으시
고 위대한 승리를 거두기에 충분한 만큼의 종들을 거느리고 계
십니다.

하나님은 은혜로우십니다. 우리는 그의 도우심으로 무슨 일
을 만나든, 설사 부정적인 요소가 여전히 남아 있는 상황이라
할지라도, 항상 유익을 얻을 수 있습니다. 이처럼 선을 행하는
것은 하나님의 뜻이며, 다만 우리의 죄가 그를 가로막고 있을
뿐입니다. 자기주장만 앞세우는 인간의 뜻은 가장 큰 죄입니

다. 그러나 이러한 인간의 뜻은 무산될 수밖에 없으며 반드시 소멸할 것입니다. 지금은 하나님이 여러 가지 악을 용납하시는 것처럼 보이지만, 언젠가 바로 잡으실 날이 이를 것입니다. 그 날에는 사망과 질병도 사라질 것입니다. 그런 것들은 죄가 없으면 힘을 발휘할 수 없기 때문입니다.

하나님은 마침내 은혜와 선하심으로 만유를 다스리는 통치자가 되실 것입니다. 그러므로 우리는 "우리를 악에서 구하소서"라고 기도할 수 있습니다. 이것은 사실상 "우리에게 영원히 선을 베푸소서"라는 간구이기 때문입니다. 우리는 만군의 여호와께서 우리를 지금 즉시 악에서 구해주시기를 바랄 수 있습니다. 우리가 이처럼 순전한 기도를 많이 하면 할수록 이 구원은 빨리 이루어질 것입니다.

우리가 하나님이 들으신다는 절대적 확신을 가지고 이러한 기도를 할 수 있다는 것은 전능하신 여호와께 감사치 않을 수 없는 대단한 특권입니다. 아무리 많은 잘못과 역경 가운데 있을지라도, 하나님의 선하심은 계속해서 우리를 비출 것이며 마침내는 온전히 충만할 것입니다. 모든 적대적 세력은 지금도 무너져내리고 있습니다. 그러므로 우리는 만군의 주, 전능하신 여호와께 감사치 않을 수 없습니다. 그는 선하십니다!

요한 크리스토프 블룸하르트

47. 자비의 기적

예수께서 배에 오르사 건너가 본 동네에 이르시니 침상에 누운 중풍병자를 사람들이 데리고 오거늘 예수께서 그들의 믿음을 보시고 중풍병자에게 이르시되 작은 자야 안심하라 네 죄 사함을 받았느니라... 일어나 네 침상을 가지고 집으로 가라 하시니 그가 일어나 집으로 돌아가거늘 무리가 보고 두려워하며 이런 권능을 사람에게 주신 하나님께 영광을 돌리니라 마 9:1-8

　예수께서 말씀 한마디로 중풍병자를 고치신 사건은 그에게 죄를 사하는 권능도 있음을 분명히 보여줍니다. 병을 고치신 예수께서 죄도 사하신다는 것입니다. 이런 면에서 예수님의 기적은 독특하면서도 특별한 의미가 있습니다.

　우리는 질병, 특히 귀신 들린 자의 고통은 죄와 반역의 결과임을 기억해야 합니다. 그러므로 우리의 고통이 제거되어야 한다면, 죄의 저주를 소멸해야 할 것입니다. 그 일이 이루어졌으며, 하나님은 겸손히 회개하는 죄인의 기도를 들으시고 그들이 고난을 극복하도록 도우실 것입니다. 자연스러운 과정을 통해 건강이 회복되는 것 역시 하나님의 사랑을 보여주는 하나의 징표입니다. 하나님은 모든 사람에게 은혜를 베푸십니다. 그는 은혜를 모르는 자와 악한 자에게도 인자하십니다눅 6:35. 그러나 이것은 그들의 죄가 사함을 받았다는 말이 아닙니다. 하나님이 우리를 죽음에서 건져주실지라도 죄는 여전히 남아 있을 수 있다는 것입니다.

예수께서 병자를 고치실 때마다, 아무것도 없는 데서 만물을 창조하신 하나님의 능력이 나타났으며, 죄는 소멸했습니다. 하나님이 가까이 다가가신 자가 예전의 죄인으로 돌아갈 수 없는 이유는 이 때문입니다. 하나님이 우리를 기적적으로 고치시는 순간, 하나님과 우리를 분리하는 모든 것은 제거됩니다. 그리고 우리는 죄에서 벗어나 하나님의 은혜를 확신하게 됩니다.

그러므로 그리스도를 믿는 자, 그를 하나님의 아들로 인정하는 자만이 은혜와 죄사함을 받을 수 있습니다. 예수님은 믿음이 없는 곳에서 기적을 행하실 수 없습니다마 13:58; 막 6:5-6. 그러나 어린아이 같은 믿음으로 그에게 나아오는 자는 누구나 도움을 받을 수 있습니다. 예수님은 "네 믿음이 너를 구원하였느니라"고 거듭 말씀합니다.

오늘날 구원병고침과 죄사함이 동시에 일어날 필요는 없습니다. 우리는 온 민족에게 성령을 부어주실 그 날을 기다립니다. 그러나 이미 "세상 죄를 짊어지신" 그리스도를 통해 새롭고 영원한 길이 세워졌습니다. 예수님은 제자들에게 병을 고치고 죄를 사하는 권세를 주셨습니다요 20:21-23. 오늘날 예수님의 화목의 죽음을 받아들인 모든 자에게, 위로부터 오는 능력을 구비한 그의 은혜의 선물이 전해지고 있습니다. 하나님이 우리에게 얼마나 큰 사랑을 베푸셨는지 알 수 없습니다. 오늘날 우리도 치유와 죄사함을 경험할 수 있습니다. 하나님이 하시는 일을 기쁨으로 바라봅시다.

요한 크리스토프 블룸하르트

48. 낮이 가까웠으니

밤이 깊고 낮이 가까웠으니 그러므로 우리가 어둠의 일을 벗고 빛의 갑옷을 입자 롬 13:12

밤이 깊고 낮이 가까웠으니. 그러나 낮이 가까운 것처럼 보이지 않습니다. 우리의 발은 여전히 죄 가운데 서성이고 우리의 손은 선을 행할 생각을 하지 않습니다. 우리 주변에는 타락의 구렁텅이에 빠진 사람이 수없이 많으며, 그들은 모두 죽어가고 있습니다. 이 땅에는 낮이 없는 것처럼 보입니다. 그러나 우리의 믿음, 하나님에 대한 우리의 사랑, 하나님에 대한 우리의 소망은 "그럼에도 불구하고 밤이 깊고 낮이 가까웠다"고 외칠 것을 요구합니다. 이 일은 예수께서 이 땅에 오신 날 이루어졌습니다. 낮이 온 것입니다.

낮이 무엇입니까? 낮은 하나님의 사랑입니다. 하나님의 사랑은 모든 악한 것, 모든 더러운 것, 절망에 빠진 모든 것을 녹입니다. 이 사랑은 죽음까지 무력화시킵니다. 그러나 그것은 원수까지 사랑하며, 아무도 거부하지 않으며, 어떤 일을 만나도 영웅처럼 활보하고 거부나 모욕이나 멸시를 당하지 않으며, 머리에 소망의 투구를 쓰고 담대히 세상을 헤쳐나가는 하나님의 사랑이어야 합니다.

우리는 예수께서 오셔서 참으로 온 세상을 품에 안으신 그 사랑을 선포할 만큼 담대하지 못합니다. 우리는 값없이 과분한 사랑을 받았다는 명확한 이유에도 불구하고 용기를 내지 못합니다. 우리는 마치 죄인의 상태를 즐기는 듯합니다. 그러나 죄인에게 즐거움이란 존재할 수 없습니다. 모든 사람은 죄의 짐 아래서 탄식하고 있습니다. 모든 죽어가는 사람은 고통 가운데 신음하고 있습니다.

하나님의 사랑은 신음하며 죽어가는 우리 죄인들 가운데 거침없이 활보하고 있습니다. 완전한 인간이 되신 하나님의 사랑이 우리의 마음속에 풍성히 넘쳐났습니다. 예수님은 우리 모두 그가 하나님의 무한하신 사랑이심을 알기를 원하십니다. 그는 이러한 사랑으로 우리를 정결케 하는 불꽃이 되기를 원하십니다. 우리를 그의 심판 속으로 받아들인 것도 오직 사랑 때문입니다. 이 사랑은, 우리를 종으로 삼아 불행하게 만든 모든 것에서 우리를 풀어주고 싶어 합니다.

예수를 통해 그날을 보게 해주신 하나님 아버지께 감사합시다. 이미 다가온 그 날이 우리의 삶 속에서 드러날 수 있게 합시다. 아무리 끔찍한 고통과 두려움과 절망 가운데 있을지라도, 부활과 생명을 위해 싸웁시다. 감사한 마음으로, 하나님의 사랑의 빛이 새날의 빛을 비추게 합시다.

크리스토프 프리드리히 블룸하르트

The Hope That Is

우리의 소망

49. 생명을 위한 싸움

너희가 죄의 종이 되었을 때에는 의에 대하여 자유로웠느니라 너희
가 그 때에 무슨 열매를 얻었느냐 이제는 너희가 그 일을 부끄러워하
나니 이는 그 마지막이 사망임이라... 죄의 삯은 사망이요 하나님의
은사는 그리스도 예수 우리 주 안에 있는 영생이니라 롬 6:20-21, 23

죽음에 관한 한, 신체의 한 기관이 아픈 것과는 다른 차원의
접근이 필요합니다. 인간의 기술은 죽어가는 사람을 여러 면에
서 도울 수 있습니다. 정원사가 나무를 살리기 위해 모든 노력
을 기울이듯이, 우리도 최선을 다하는 것이 마땅합니다. 그러
나 그것이 전부라면, 질병이나 죽음을 제대로 이해하지 못한
것입니다. 우리는 질병이 죽음이 하는 일 가운데 하나며, 죽음
은 궁극적으로 죄의 결과라는 사실을 알아야 합니다.

파멸은 그것이 어떤 형태이든 모두 비정상입니다. 그것은 생
명에 해당하지 않습니다. 질병은 결코 자연스러운 현상이 아니
며, 어떤 유익도 없습니다. 그것은 압제적이며 생명과 대립합
니다. 결론적으로 죽음은 형벌에 해당합니다. 그것은 우리가
싸워야 할 적이며, 사실상 마지막 원수입니다.

이것이 바로 예수께서 교회를 향해 사망의 세력과 싸울 것을 촉구한 이유입니다. 요양원과 병원이 기독교 공동체에서 시작되었다는 사실은 놀라운 일이 아닙니다. 우리는 결코 병든 자나 죽어가는 자를 포기해서는 안 됩니다. 내가 만난 한 의사는 의학적 도움을 줄 수 있어 매우 행복하다고 했습니다. 그 말은 들은 나도 기뻤습니다. 그것은 생명을 보살피는 소명이자 인간의 존엄에 관한 문제이기 때문입니다. 예수님은 "네 생명이 어떻게 되든 신경 쓰지 말라"고 말씀하지 않았습니다. 아니, 예수님은 자신이 부활이요 생명이라고 말씀했습니다. "나는 부활이요 생명이니 나를 믿는 자는 죽어도 살겠고"요 11:25.

그러므로 살아서 죽음과 맞서야 합니다. 어떤 고통을 감내해야 할지라도 담대해야 합니다. 죽음과 맞서 싸우십시오. 생존은 인간의 본분입니다. 그것은 우리의 인간적 임무입니다. 우리의 생명은 그리스도로 말미암아 심판에서 벗어났습니다. 그를 통해 영생이 들어옴으로써, 우리는 타락한 상태에서 회복될 수 있습니다. 사망의 저주를 받은 이 땅의 생명은 더 이상 사망을 극복할 수 없습니다.

이 땅에서 사는 가련한 우리 인생은 사망의 땅을 통과해야 합니다. 이 땅을 지나는 우리에게, 사망은 사방에서 독을 뿌려대고 있습니다. 그러나 예수님은 우리가 자칫 두려워할 수 있는 사망의 영역을 통과할 때, 특히 깨닫지 못하는 자들의 조소와 박해를 받을 때, 그 모든 길에서 우리를 안전하게 보호하시기를 원하십니다. 사랑하는 친구들이여, 예수께서 부담 없이 무엇이든 맡길 수 있는 진정한 전사가 됩시다. 그리스도는 처음이자 마지막이십니다. 그는 죽은 자 가운데 다시 사셨으며, 여러분도 그럴 것입니다!

크리스토프 프리드리히 블룸하르트

50. 새로운 승리가 기다린다

그러나 내가 너희에게 실상을 말하노니 내가 떠나가는 것이 너희에게 유익이라 내가 떠나가지 아니하면 보혜사가 너희에게로 오시지 아니할 것이요 요 16:7

예수님은 모든 것을 버리고 자기를 좇은 제자들을 두고 하늘에 계신 아버지께로 가셔야 했습니다. 예수께서 떠나지 않으면 그들을 도울 보혜사, 성령을 보내실 수 없기 때문입니다. 조금만 더 생각해 보면, 제자들로서는 예수님과 개인적 관계를 발전시키는 것보다 "보혜사"가 오시는 것이 더 필요하다는 사실을 알 수 있습니다. 하나님의 뜻을 이루기 위해서는, 예수님이 떠나셔야 했던 것입니다.

우리도 마찬가지입니다. 예수님과 개인적으로 만나는 교제도 놀라운 일이지만, 지속적인 마음의 감동을 위해서는 그에게만 의존할 수 없기 때문입니다. 바울은 차라리 세상을 떠나서 그리스도와 함께 있는 것이 좋겠다고 생각했으나 계속해서 이곳에 남아 형제들을 위해 싸워야 할 필요를 느꼈다고 말합니다 빌 1:23-24. 우리는 종종 많이 힘들고 지칠 때 어서 데려갔으면 좋겠다고 생각합니다. 그러나 그것은 자신만 생각하고 주 예수와 그의 나라를 위해 남아서 해야 할 일은 생각하지 않는 것입니다. 가장 중요한 것은 그리스도와 편안히 머무는 것이 아닙니다. 우리가 선 곳은 영적 전장이며, 우리는 언제든지 그리스도의 기쁜 소식을 온 세상에 전할 준비를 해야 합니다. 우리는 연약할 때 새로운 힘을 위해, 병상에 누웠을 때 새로운 활력을 위해, 모든 것을 내려놓고 주와 함께 있고 싶은 유혹을 느낄 때 새로운 승리를 위해, 기도해야 합니다. 주의 능력이 가장 강하게 나타날 때는 우리가 연약할 때입니다고후 12:7-10. 따라서 우리가 하는 일이 아무리 작은 일이라고 할지라도, 큰 의미를 가질 수 있습니다. 우리는 주께서 자기 백성, 특히 연약한 가운데 있는 백성의 신실함을 얼마나 귀하게 보시는지 알고 놀랄 날이 있을 것입니다.

그러므로 이 땅을 너무 일찍 하직하려고 서두르지 말고 은혜의 때, 사역의 때, 위로부터 오는 힘을 위해 기도합시다. 주의 뜻을 거역하지 말고, 최선을 다해 더욱 열심히 기도합시다. 그러면 언젠가 떠날 시간이 올 것이며, 우리는 훨씬 기쁘게 떠나서 주와 함께 있을 준비를 할 것입니다.

요한 크리스토프 블룸하르트

51. 사탄의 권세를 깨뜨림

예수께서 안식일에 한 회당에서 가르치실 때에 열여덟 해 동안이나 귀신 들려 앓으며 꼬부라져 조금도 펴지 못하는 한 여자가 있더라 예수께서 보시고 불러 이르시되 여자여 네가 네 병에서 놓였다 하시고 안수하시니 여자가 곧 펴고 하나님께 영광을 돌리는지라 회당장이 예수께서 안식일에 병 고치시는 것을 분 내어 무리에게 이르되 일할 날이 엿새가 있으니 그 동안에 와서 고침을 받을 것이요 안식일에는 하지 말 것이니라 하거늘 주께서 대답하여 이르시되 외식하는 자들아 너희가 각각 안식일에 자기의 소나 나귀를 외양간에서 풀어내어 이끌고 가서 물을 먹이지 아니하느냐 그러면 열여덟 해 동안 사탄에게 매인 바 된 이 아브라함의 딸을 안식일에 이 매임에서 푸는 것이 합당하지 아니하냐 예수께서 이 말씀을 하시매 모든 반대하는 자들은 부끄러워하고 온 무리는 그가 하시는 모든 영광스러운 일을 기뻐하니라눅 13:10-17.

우리는 여기서 몸이 꼬부라진 채로 걷는 한 여자를 만납니다. 그는 위쪽을 쳐다보지 못할 정도로 몸이 굽었습니다. 누가는 이 병이 그를 열여덟 해 동안이나 붙들고 괴롭힌 귀신 때문이라고 말합니다.

사탄이 꼬부라진 몸 안에서 그처럼 직접적인 역할까지 할 수 있다는 것은 놀랍습니다. 사탄의 힘이 그 정도로 대단하다는 것입니까? 과연 마귀는 우리가 지극히 자연스러운 현상으로 생각했을 일들에까지 적극적으로 개입할 수 있다는 것입니까? 그렇습니다. 우리는 어둠의 권세가 어디까지 확장할 수 있는지 세심히 파악해야 합니다. 사랑하는 친구들이여 이것만으로도 우리에게는 충분한 경고가 될 것입니다. 그러나 우리는 뱀의 머리를 밟으시고 사탄을 멸하신 승리의 주를 기억해야 합니다. 오늘 본문에도 이 주님이 등장하십니다. 그러므로 우리는 우울한 어둠의 세계에 갇혀 있을 필요가 없습니다. 사실, 우리는 우리를 어둠에서 해방하시고 빛으로 인도하신 그분을 찬양할 충분한 이유가 있습니다.

성경은 우리에게 죽음의 세력을 잡은 자가 마귀임을 보여줍니다히 2:14-15. 그는 "처음부터 살인한 자"요 8:44입니다. 마귀는 확실히 죽음에 관여하고 있습니다. 큰바람을 보내어 집을 무너뜨려 욥의 자녀를 죽게 한 자가 누구입니까? 지긋지긋한 종기로 욥을 괴롭힌 자가 누구입니까? 이러한 힘이 사탄에게서 나온 것이 아닙니까? 실제로 사탄은 신체적 질병에도 개입합니다.

죽음은 하나님이 원래부터 계획하신 일이 아닙니다. 죽음을 초래하는 질병도 마찬가지입니다. 병은 죽음의 시작일 뿐입니다. 우리는 날마다 새로운 질환으로 점차 죽어가고 있습니다.

질병은 사람을 조금씩 갉아먹고 있습니다. 그것은 마지막 생명의 불꽃이 꺼지기까지 우리의 기능을 하나씩 앗아갈 것입니다. 우리가 특별한 질병에 걸리지 않아도, 죽음의 영은 우리를 한 걸음씩 무덤을 향해 나아가게 할 것입니다.

사랑하는 여러분이여, 우리는 우리의 세계를 좀먹는 모든 부패에 대해 탄식하지 않을 수 없습니다. 우리는 하나님의 구속함을 경험하기 전까지 발 앞의 심연을 볼 수 없습니다. 우리는 자신을 사로잡고 있는 지옥의 끔찍한 결박에 아연실색하기 전까지 하나님의 영광이 역사하는 것을 볼 수 없습니다. 그러나 하나님의 자비는 우리에게 자신이 처한 상황을 완전히 파악하는 것을 허락하지 않습니다. 성경조차 어둠의 영이 얼마나 깊이 스며 있는지 암시만 줌으로써 우리가 용기를 잃고 낙심하지 않게 했습니다. 예수 그리스도는 마귀의 일을 멸하러 오셨습니다요일 3:8. 우리는 이러한 사실을 항상 유념해야 합니다.

✚ ✚ ✚

오늘 본문은 예수께서 사탄의 결박을 깨트릴 수 있음을 보여 줍니다. 그는 여자에게 안수하시며 "여자여 네가 네 병에서 놓였다"라고 말씀하십니다. 이 장면 역시 예수께서 병자와 매인 자에게 행하신 다른 기사들과 마찬가지로, 그가 뱀을 밟으실 수 있는 약속의 주이심을 보여줍니다눅 10:19.

이 예수는 누구입니까? 그는 누구였습니까? 예수님은 어둠의 권세에 끈질기게 맞서 그들을 완전히 무너뜨렸습니다. 사탄은 예수를 맹렬히 공격하여 피로 얼룩진 고문을 가했으며 마침내 하수인들을 통해 그를 십자가에 못 박았습니다. 그러나 예수님은 하늘에 계신 아버지에 대한 견고한 믿음으로 사탄을 물리치고 승리하셨습니다. "그가 찔림은 우리의 허물 때문이요 그가 상함은 우리의 죄악 때문이라 그가 징계를 받으므로 우리는 평화를 누리고 그가 채찍에 맞으므로 우리는 나음을 받았도다"사 53:5. 그렇습니다. 우리는 확실히 나음을 받았습니다!

십자가로 말미암아, 사탄은 더 이상 사람들을 예전처럼 결박할 수 없습니다. 사탄이 우리를 공격할지라도 우리가 그리스도의 능력으로 맞서 싸워 이길 수 있는 이유는 이 때문입니다. 일사각오의 신앙으로 어둠의 영과 싸우는 자는 반드시 사망의 독침에서 벗어날 수 있습니다. 승리는 이미 우리의 것입니다.

우리의 주님은 지금 하나님 우편에 앉아 계시며, 우리에게 베풀어주실 은사들을 받았습니다. 예수 그리스도는 하늘에서 싸우고 계십니다. 그는 모든 대적이 그의 발아래 무릎을 꿇을 때까지, 질병을 일으키는 귀신들과 우리의 영과 육을 파괴하는 모든 권세가 제거되고 하늘과 땅과 모든 만물이 기뻐 노래할 수 있을 때까지, 이 싸움을 멈추지 않으실 것입니다. 오, 이 위대한 승리를 누가 생각할 수 있겠습니까? 우리는 예수와 그의 승리를 믿는 순간, 이 승리를 물려받은 것입니다.

요한 크리스토프 블룸하르트

52. 당신을 가둘 수 있는 감옥은 없다

우리가 이 보배를 질그릇에 가졌으니 이는 심히 큰 능력은 하나님께 있고 우리에게 있지 아니함을 알게 하려 함이라 우리가 사방으로 욱여쌈을 당하여도 싸이지 아니하며 답답한 일을 당하여도 낙심하지 아니하며 박해를 받아도 버린 바 되지 아니하며 거꾸러뜨림을 당하여도 망하지 아니하고 우리가 항상 예수의 죽음을 몸에 짊어짐은 예수의 생명이 또한 우리 몸에 나타나게 하려 함이라 우리 살아 있는 자가 항상 예수를 위하여 죽음에 넘겨짐은 예수의 생명이 또한 우리 죽을 육체에 나타나게 하려 함이라 그런즉 사망은 우리 안에서 역사하고 생명은 너희 안에서 역사하느니라 고후 4:7-12

하나님은 그의 나라를 위해 물불 가리지 않고 뛰어들 전사를 필요로 하십니다. 그는 이 땅에서 온갖 고난과 괴로움을 당하면서도 모든 소망을 오직 하늘에 두고 사는 자를 원하십니다. 하나님이 우리를 괴롭히고 싶어 하시겠습니까? 아니, 전혀 그렇지 않습니다. 그는 이 땅에서 우리를 예수의 생명을 드러낼 군사로 사용하고 싶어 하십니다.

여러분은 고난이 닥칠 때, 자신을 위한 승리가 아니라 고난 전반에 대한 승리라는 차원에서 접근해야 합니다. 나는 간질

환자, 시각장애인, 저는 자, 청각 장애인, 그리고 소위 중병에 걸린 자들 가운데서 이러한 경험을 했습니다. 나는 그들에게 이렇게 말했습니다. "여러분은 지금의 상황을 즐기시기를 바랍니다. 예수의 죽음과 그의 부활을 여러분이 처한 상황, 여러분이 당하고 있는 시험, 여러분의 필요, 여러분의 죽음, 앞으로 다가올 불치의 병의 영역으로 가져가십시오. 그리스도에게 속한 것을 여러분의 상황으로 가져가라는 것입니다. 그러면 여러분은 온 세상을 위한 승리에 일조할 것입니다."

솔직히 말해서, 아무도 그리스도를 위해 아프거나 죽음의 고통을 맛보지 않으려 한다면, 어떻게 우리가 죽음을 이기고 승리하겠습니까? 우리가 다른 사람처럼 건강하지 못하다고 한숨만 쉬고 앉아 있다면 하나님께 무슨 유익이 있겠습니까? 어떻게 예수의 생명이 우리 몸에 나타나겠습니까?

우리는 모두 죽음의 길을 갈 수밖에 없지만, 우리는 부활의 길도 갈 수 있습니다. 그러므로 여러분 안의 무엇인가가 조금씩 무너져내린다고 할지라도, 죽음을 기꺼이 받아들이시기를 바랍니다. 육신은 무너져내리게 놓아두십시오. 그러나 아무리 고통에 시달리고 자신의 연약성을 절감할지라도 절대 두려워하지 마시기를 바랍니다. 부활하신 주가 여러분의 연약함 속에 깊이 스며 있으며, 따라서 여러분은 평생 건강하고 활기차게 다니는 교만한 자들보다 훨씬 생동적일 수 있습니다.

크리스토프 프리드리히 블룸하르트

53. 영원을 주목하라

그러므로 우리가 낙심하지 아니하노니 우리의 겉사람은 낡아지나 우리의 속사람은 날로 새로워지도다 우리가 잠시 받는 환난의 경한 것이 지극히 크고 영원한 영광의 중한 것을 우리에게 이루게 함이니 우리가 주목하는 것은 보이는 것이 아니요 보이지 않는 것이니 보이는 것은 잠깐이요 보이지 않는 것은 영원함이라 고후 4:16-18

여러분은 하늘로 향하고 있습니다. 고통과 눈물로 가득한 이 땅에 남아 있는 자들과 비교해보십시오. 육신은 건강할지라도, 그들은 여러분을 부러워해야 할 것입니다. 그들과 달리 여러분은 비록 이 땅에 살고 있지만 하늘에 있는 기업을 마음껏 누리실 수 있습니다. 그러므로 결코 우울해하거나 슬퍼하지 말고, 여러분을 사랑하사 영원으로 인도하시는 주안에서 기뻐하십시오. 여러분의 영혼을 준비시키시는 그에게 감사하십시오.

여러분은 고난을 조금 더 견뎌야 할지 모릅니다. 여러분은 여러분의 싸움이 더욱 어렵고 고통스러워질 수도 있다는 생각에 두려워할 수도 있습니다. 그러나 걱정하지 마십시오. 여러분의 눈을 보이는 것에 고정하지 말고 보이지 않는 것을 향하게 하십시오. 다음 순간만 생각하고 다른 아무것도 걱정하지 않는 어린아이처럼, 그저 현재에 충실해서 하루하루 살면 됩니다. 영원에 비교하면 여러분이 겪고 있는 시련은 가볍고 일시적입니다. 여러분은 전적으로 어린아이와 같이 되어야 합니다. 그것이 구주께서 원하시는 것입니다. 그는 어린아이만 사용하시기 때문입니다.

그러므로 깊이 생각하십시오. 무엇이 되려고 하지 말고 오직 죄인이 되어 그의 은혜만 바라십시오. 그것만이 지금도 여러분을 억누르고 있을지 모르는 빚을 청산할 수 있는 길입니다. 그의 은혜 속에 자신을 온전히 담그면, 영원한 기쁨을 맛보게 될 것입니다. 어떤 난관도 가볍게 제거될 것입니다. 여러분의 고통은 경감될 것이며 여러분은 많은 유익을 얻게 될 것입니다. 그러면 여러분은 구주께 "당신은 참으로 선하십니다"라는 고백을 할 수 있을 것입니다. 여러분이나 나보다 더 훌륭한 대변인인 성령의 통치에 모든 것을 맡기십시오. 여러분을 향한 하나님의 목적은 승리의 귀환이라는 사실을 믿으십시오.

요한 크리스토프 블룸하르트

54. 아직 할 일이 남아 있다

그러므로 우리가 항상 담대하여 몸으로 있을 때에는 주와 따로 있는 줄을 아노니 이는 우리가 믿음으로 행하고 보는 것으로 행하지 아니함이로라 우리가 담대하여 원하는 바는 차라리 몸을 떠나 주와 함께 있는 그것이라 그런즉 우리는 몸으로 있든지 떠나든지 주를 기쁘시게 하는 자가 되기를 힘쓰노라 고후 5:6-9

우리는 모두 오직 홀로 조용히 구주께 나아오는 순간을 맞이하게 됩니다. 그때가 되면, 평온하고 차분한 가운데 이 땅을 떠나 구주와 연합할 수 있도록 그를 더욱 신뢰해야 합니다. 우리가 모든 것을 받아들여야 한다는 사실을 깨닫고 세상에 있는 것들을 내려놓을 수 있다면, 예수님은 더욱 가까이 다가오실 것입니다.

우리가 몸으로 있을 때에는, 구주께서 모든 인간의 고통에 자비를 베푸시게 하는 일을 염려하지 않을 수 없을 것입니다. 그날을 생전에 볼 수 있든 없든, 또는 그것이 우리에게는 다시 수고해야 한다는 의미일지라도, 우리는 오직 그 일에 모든 관심을 기울여야 할 것입니다. 그러므로 여러분은 자비한 마음으로 탄식하고 계신 주께서 다시 오셔서 이 모든 것을 속히 바꾸어주시기만 간절히 고대하는 가련한 자가 되어야 합니다. 여러분이 그 일에 전념할 수 있다면, 여러분은 훌륭한 사역을 감당하고 있는 것입니다. 여러분의 한숨은 결코 헛되지 않을 것입니다. 또한 그 일은 여러분이 가게 될 하늘의 처소를 준비하게 할 것이며, 그곳에서 여러분이 할 일에도 도움이 될 것입니다. 확실한 것은 구주의 할 일이 남아 있는 한 여러분이 할 일도 남아 있다는 것입니다.

여러분의 육신은 날로 쇠약해질지라도, 여러분이 영원히 구주께 속해있다는 사실은 더욱 분명해질 것입니다. 그 사실은 여러분에게 큰 위로가 될 것이며, 아직 견디어야 할 고난이 남아 있음에도 불구하고 주께서 여러분에게 거룩한 기쁨을 주실 것입니다. 여러분이 구주를 고대하며 그에게 여러분의 고통을 덜어주시고 승리의 귀환을 지체하게 만드는 요소들을 제거해달라고 기도하는 것은 지극히 당연합니다. 나는 여러분에게 크신 사랑과 은혜를 베푸신 주께서 자비로 여러분을 맞아주시기를 기도합니다. "하나님을 사랑하는 자 곧 그의 뜻대로 부르심을 입은 자들에게는 모든 것이 합력하여 선을 이루느니라"롬 8:28고 했습니다. 여러분이 하늘나라에 가면, 주께서 인도하신 길이 얼마나 놀라운지 알게 될 것입니다.

혹시 여러분이 구주를 섬길 기회가 없었다고 생각한다면, 그리스도께서 지금도 여러분의 대언자가 되시듯이 영원에서도 전사들이 필요하다는 사실을 기억하시기 바랍니다요일 2:1. 여러분은 할 일이 있을 것이며 그 일을 즐거워할 것입니다. 굳게 서서, 여러분을 붙들고 있는 모든 것을 벗어버리십시오. 여러분이 하나님의 뜻에 기꺼이 순종한다면, 계속해서 그의 영이 여러분 안에서 역사하실 것입니다. 하나님 아버지의 자애로운 손길이 여러분을 위로하실 것입니다. 하나님의 은혜가 그리스도 예수 안에서 마지막 순간까지 여러분과 함께하시기를 빕니다.

요한 크리스토프 블룸하르트

55. 하나님의 사랑은 영원하다

내가 확신하노니 사망이나 생명이나 천사들이나 권세자들이나 현재
일이나 장래 일이나 능력이나 높음이나 깊음이나 다른 어떤 피조물
이라도 우리를 우리 주 그리스도 예수 안에 있는 하나님의 사랑에서
끊을 수 없으리라롬 8:38-39

바울은 어떤 슬픔이나 동요나 당황함도 하나님의 사랑을 의
심하게 할 수 없다고 말합니다. 하나님의 사랑은 반석처럼 견
고하며 흔들림이 없습니다. 우리를 하나님의 사랑에서 끊을 수
있는 것은 결코 없습니다.

본문의 핵심은 "내가 확신하노니"라는 구절입니다. 이러한
확신, 그리스도 안에서 하나님에 대한 변함없는 신뢰는 흔들릴
수 없습니다. 우리는 그리스도를 통해 어떤 것도 하나님의 사
랑을 의심하게 할 수 없다는 사실을 확신합니다. 아무리 큰 환
난이 닥칠지라도, 우리는 그리스도와 함께 고난을 받을수록 더
욱 그의 사랑하는 자녀가 될 것입니다. 이러한 사실을 확신하
는 것, 그것이 바로 믿음입니다.

그러므로 그리스도, 특히 그의 십자가의 의미를 바로 아는

사람은 바울처럼 사나 죽으나 하나님이 나를 사랑하신다고 고백할 수 있습니다. 사탄의 사자나 권세들이나 어둠의 세력이 나를 대적한다고 할지라도 하나님은 나를 사랑하십니다. 내가 그의 대적의 공격을 받을지라도 하나님은 나를 사랑하십니다. 하나님은 때가 되면 그들을 심판하실 것입니다. 그럴지라도 하나님은 나를 사랑하십니다. 하나님은 내가 지금 환난 가운데 있거나 장차 환난을 겪거나 하늘과 땅의 어떤 세력으로부터 공격을 받을지라도 나를 사랑하십니다. 어떤 존재가 나를 해하고 싶어 하거나 실제로 해할지라도, 나는 하나님이 나를 사랑하신다는 사실을 확신할 수 있습니다.

요한 크리스토프 블룸하르트

56. 생명의 면류관을 향해

네가 죽도록 충성하라 그리하면 내가 생명의 관을 네게 주리라 귀 있
는 자는 성령이 교회들에게 하시는 말씀을 들을지어다 이기는 자는
둘째 사망의 해를 받지 아니하리라 계2:10-11

우리가 건강한 날이 가장 이상적인 날은 아닙니다. 오히려
우리는 곤고한 날에 전사가 될 수 있기 때문입니다. 아픈 날에
는 특별한 방식으로 주께 나아가 그리스도의 고난에 동참하며
그와 함께 싸울 기회를 가질 수 있습니다. 우리는 온전히 그와
함께 서서 세상의 요구에 맞설 수 있습니다. 또한 우리는 깨어
하늘을 향해 부르짖으며, 진지한 마음으로 "나라가 임하시오며
뜻이 하늘에서 이루어진 것 같이 땅에서도 이루어지이다" 마 6:10
라고 기도할 수 있습니다. 우리가 이러한 삶을 산다면, 아무 생
각 없이 인생을 즐기는 자들에 비해 훨씬 하나님 나라에 쓸모
있는 자가 될 것입니다. 우리는 건강한 날에 오히려 아무런 열
매 없이 보냄으로써 마음의 즐거움이 사라지고 영이 무감각해
지는 경우가 얼마나 많습니까? 그러나 아픈 날은, 하나님께 돌
아가기만 하면 자신과 이웃이 하늘의 시민이 될 수 있는 유익

한 날이 될 수 있습니다.

우리 앞에는 이미 생명의 면류관이 기다리고 있습니다. 우리는 확실히 이 땅에서 영원에 속한 것, 하나님께 속한 무엇인가를 느끼고 있습니다. 이 면류관은 이미 그곳에 놓여 있으며, 사람들은 우리 가운데 선이 더욱 강력히 역사하고 있다는 사실을 알고 있습니다. 우리는 언젠가 어린 왕이 면류관을 쓸 것이라는 사실을 잘 알고 있습니다. 그는 어리지만, 그의 종들은 그에게 경배할 것이며 대적이 가까이하지 못하게 할 것입니다. 마찬가지로, 우리는 하나님의 자녀이기 때문에 면류관을 받을 정복자입니다. 우리는 하나님의 종들, 즉 우리를 보호하는 중보자로서 하나님의 능력과 천사들에게 둘러싸여 있으며, 대적은 굴복하지 않을 수 없습니다.

그러기 위해서는 예수의 편에 굳게 서야 합니다. 그가 우리와 함께하지 않는 한, 우리는 한 발자국도 전진할 수 없습니다. 우리는 예수가 없으면 한순간도 신실할 수 없습니다. 그러나 그와 함께라면, 죽음도 불사할 수 있습니다. 그것은 매우 힘들고 어려운 일이지만, 우리는 하나님의 능력으로 능히 감당할 수 있습니다. 또한 우리는 다른 사람을 위해 당연히 그렇게 해야 합니다. 하나님은 전적으로 연약한 가운데 있는 우리가 삶 속에 영생을 끌어들이기를 원하십니다. 그렇게 함으로써 우리는 설사 죽음의 문턱에 있을지라도 최후의 원수가 멸망할 시간을 재촉할 수 있습니다.

우리는 이런 식으로 둘째 사망의 해, 즉 영원한 죽음의 고통을 받지 않을 것입니다. 오, 사랑하는 친구들이여! 이 둘째 사망은 우리 모두에게 매우 심각하고 중요합니다. 그러나 염려하지 마십시오. 주께서 우리가 끝까지 신실할 수 있게 도와주실 것입니다. 그것은 약속입니다. 우리가 이미 사망과 지옥에 사로잡혀 있다고 할지라도, 우리가 감옥에 갇혀 생명의 빛을 보기 어렵다고 해도, 그리스도는 그의 이름을 사랑하는 자들에 대한 최종 결정권을 가지고 있다는 사실을 기억합시다.

부디 주께서 우리의 생명에 복을 주시기를 원하며, 그의 영으로 모든 병자를 찾아가 그들이 자신을 사로잡고 있는 모든 악을 이기고 낙심하지 않게 해주시기를 간절히 소원합니다.

오 사랑하는 구주시여, 우리 자신을 위해서가 아니라 당신의 영광을 위해 생명을 받아야 할 자들을 위해, 생명의 면류관을 주소서. 이 악한 세상에서 당신의 제자가 되고 싶어 하는 우리 모두를 위해 생명의 면류관을 주소서. 주여, 우리에게 더욱 큰 용기와 기쁨을 주소서. 낙심하지 말게 하소서. 아멘.

크리스토프 프리드리히 블룸하르트

57. 사망의 쏘는 것은 없다

하나님이 우리를 구원하사 거룩하신 소명으로 부르심은 우리의 행
위대로 하심이 아니요 오직 자기의 뜻과 영원 전부터 그리스도 예수
안에서 우리에게 주신 은혜대로 하심이라 이제는 우리 구주 그리스
도 예수의 나타나심으로 말미암아 나타났으니 그는 사망을 폐하시
고 복음으로써 생명과 썩지 아니할 것을 드러내신지라딤후 1:9-10

사망은 그리스도로 인해 힘을 잃었으며, 우리는 그리스도로
말미암아 그가 정하신 때에 다시 살아날 것입니다. "사망아 너
의 승리가 어디 있느냐 사망아 네가 쏘는 것이 어디 있느냐"고전
15:55.

그러나 사망은 어떻게 멸망했으며, 생명과 영생은 어떻게 실
제로 드러나게 되었습니까? 우리는 누구나 죽을 수밖에 없으
며, 죽음의 공포를 견디어야 합니다. 그렇다면 지금 달라진 것
은 무엇입니까? 우선 믿는 자에게 있어서 죽음은 예수를 만나
기 전의 죽음과 다릅니다. 구주는 "나는 부활이요 생명이니 나
를 믿는 자는 죽어도 살겠고"요 11:25라고 말씀했습니다. 요한계
시록은 "주 안에서 죽는 자들은 복이 있도다"계14:13라고 말씀합
니다.

우리는 죽음에 대해 생각하고 있지만, 죽음 자체를 본 사람은 아무도 없습니다. 우리는 단지 임종과 시체를 보았을 뿐입니다. 정말입니다. 죽음은 단순한 임종으로 설명할 수 없는 무엇이 있습니다. 죽음을 죽은 몸으로 설명하기 어렵다면, 몸의 죽음을 초래한 영혼은 어떻습니까?

구약성경에는 죽음의 세계인 하데스Hades에 대한 언급이 나타납니다. 하데스에 대한 묘사는 그다지 아름답지 못합니다. 다윗은 "사망 중에서는 주를 기억하는 일이 없사오니 스올에서 주께 감사할 자 누구리이까"시 6:5라고 토로했습니다. 예수께서 오시기 전에 죽음이 가련한 인생을 강력한 힘으로 사후까지 장악하고 있었는지 생각이나 해보았습니까?

그러나 이제 그리스도 안에서 모든 것이 달라졌습니다. 즉 복음을 받은 자에게 죽음은 예전과 다르다는 것입니다. 그리스도로 말미암아, 신자의 죽음에는 완전한 변화가 일어났습니다. 그리스도는 "죽음의 세력을 잡은 자 곧 마귀"히 2:14를 멸하셨습니다. 그리스도는 죽음을 멸하시고 생명과 영생을 가져오신 것입니다.

그렇다면 죽음은 무엇입니까? 우리가 확실히 말할 수 있는 것은, 주 안에서 죽은 자는 죽음의 힘이 내세에서는 아무런 영향도 미치지 못한다는 사실을 안다는 것입니다. 사실 생명과 영생은 죽음을 통해 옵니다. 이 땅의 빛이 꺼지는 순간, 하늘의 빛이 임할 것입니다. 그러므로 우리는 "사망아, 나는 너와 아무 상관이 없다. 너는 더 이상 나를 괴롭힐 수 없다. 나는 비록 부활을 기다리고 있는 몸이나 너에게서 완전히 벗어났다"라고 말할 수 있습니다.

예수님은 육체로는 죽임을 당하셨으나 영으로는 살리심을 받으셨습니다벧전 3:18. 죽음이 더 이상 그를 주관할 수 없었던 것입니다. 그리스도 안에서 죽은 자도 마찬가지입니다. 우리는 비록 부활을 기다려야 하는 몸이나, 더 이상 죽음의 지배를 받지 않을 것입니다. 그리스도에게 속한 자는 눈을 감을 때 사망의 권세를 깨뜨리신 위대한 승리자를 보고 기뻐할 것입니다. 우리는 영혼이 떠날 때 얼마나 의기양양한 모습으로 생명을 부여잡는지 보게 될 것입니다.

요한 크리스토프 블룸하르트

58. 하나님은 당신을 놓지 않으신다

제구시쯤에 예수께서 크게 소리 질러 이르시되 엘리 엘리 라마 사박
다니 하시니 이는 곧 나의 하나님, 나의 하나님, 어찌하여 나를 버리
셨나이까 하는 뜻이라 마 27:45

할렐루야! 그는 우리를 위해 죽음의 골짜기를 통과하셨습니다. 예수님의 죽음은 어떤 인간의 죽음보다 절망적이었습니다. 그는 하나님마저 자신을 버렸다고 느꼈습니다. 그러나 예수님은 그 순간에도 여전히 "나의 하나님, 나의 하나님"이라고 부르짖을 수 있었습니다.

여러분은 버림받았다는 생각이 들 때도 결코 사랑하는 주님이 떠난 것이 아니라는 사실을 알아야 합니다. 우리 주님은 "엘리, 엘리"라고 외쳤습니다. 히브리어로 "엘"은 "하나님"이란 뜻이며, "리"는 "나의"라는 뜻인데 점 하나또는 한 획로 이루어집니다. 예수님은 이 작은 점 하나로 아버지의 마음으로 이어지는 줄을 붙들었던 것입니다. 예수님의 약속에 따르면, 우리가 겨자씨 하나와 같이 작은 믿음으로 얼마나 많은 것을 이룰 수 있는지 생각해 보십시오.

예수님은 깊은 고뇌 가운데 처절한 믿음의 싸움을 싸웠습니다. 예수님은 그렇게 함으로써 우리의 구주가 되셨습니다. 그러므로 우리는 "피곤하여 낙심하지 않기 위하여 죄인들이 이같이 자기에게 거역한 일을 참으신 이를 생각"히 12:3해야 합니다. 예수님은 죽음의 골짜기를 지나 우리에게 오셨으므로, 우리를 안내하여 그 길을 지날 수 있게 인도하실 수 있습니다. "내가 사망의 음침한 골짜기로 다닐지라도 해를 두려워하지 않을 것은 주께서 나와 함께 하심이라 주의 지팡이와 막대기가 나를 안위하시나이다"시 23:4.

무겁게 짓누르는 양심은 우리에게서 그의 위로를 빼앗으려 합니다. 사실, 그것이 우리의 길을 어렵게 할 수도 있습니다. 그러나 그리스도는 우리를 위해 피를 흘려주셨습니다. 그러므로 우리가 그에게 붙어 있는 한, 악한 양심도 더는 우리를 낙심하게 하지 못할 것입니다. "주의 지팡이와 막대기가 나를 안위하시나이다"라고 했습니다. 예수님은 우리에게 얼마나 든든한 지팡이와 막대기가 될 수 있겠습니까?

이 땅에서 순례자로 살아가는 동안, 우리는 끊임없이 위험한 골짜기를 통과할 것입니다. 비록 괴롭고 고통스러우며 사방에서 공격을 받을지라도, 예수께서 당하신 고난을 생각하며 위로를 받고 흔들림 없이 이 길을 갑시다. 그는 우리의 복스러운 소망이십니다딛 2:13. 어떤 어려움이 있더라도, 십자가에 달려 돌아가시고 부활하신 예수만 붙듭시다. 그는 우리의 걸음을 인도하는 지팡이가 되고 우리가 의지할 막대기가 되실 것입니다.
예수는 우리를 그의 영광의 나라로 인도하실 것입니다.

요한 크리스토프 블룸하르트

59. 성취된 약속

예수께서 신 포도주를 받으신 후에 이르시되 다 이루었다 하시고 머리를 숙이니 영혼이 떠나가시니라요 19:30

성경에서 죽음은 단순히 이승에서 저승으로 옮기는 문제가 아닙니다. 아니, 죽음은 일종의 영spirit입니다. 그것은 우리가 어찌할 바를 모를 때, 낙심하고 절망할 때, 우리 안에 들어옵니다. 죽음은 우리가 덧없는 세월 속에 묻혀 지내거나 이 세상의 것들에 사로잡혀 있을 때, 우리 눈에 흘러간 과거만 보이거나 재물과 집과 땅 이상의 것은 보이지 않을 때 찾아옵니다. 죽음은 그런 것입니다.

그러므로 인생에서 가장 중요한 질문은 "우리는 이 땅에서 해야 할 일을 다 마쳤는가"라는 것입니다. 우리의 사명이 끝났다면, 기꺼이 죽을 수 있습니다. 예수께서 "다 이루었다"고 말씀하신 것은 그 때문입니다. 이루지 못했다면, 그것이 죽음일 것입니다.

또한 예수님은 "나를 믿는 자는 죽어도 살겠고 무릇 살아서 나를 믿는 자는 영원히 죽지 아니하리니"라고 했습니다. "나는 그를 온전하게 할 것이다. 나는 그의 부족한 것을 채울 수 있다. 나는 부활이요 생명이다. 나는 지체 장애인, 시각장애인, 청각장애인을 위하여 이 땅에서 시작한 일을 완성할 것이다. 나를 믿는 자와 내 안에 사는 자들에게는 영원한 생명이 있다. 너희의 때가 이르렀다. 더 이상 죽음은 없다"라는 것입니다.

온전함을 이루지 못한 자에게는 비통함이 따릅니다. 시간을 끌다 실패한 자는 눈물을 흘릴 것입니다. 그러나 하나님은 우리의 눈에서 눈물을 씻겨주실 것입니다. 하나님은 우리의 잘못을 용서하실 것이며, 무엇이든 굽은 것은 바로잡고 우리를 새로운 발판 위에 세우실 것입니다. 우리의 간절한 소원이라면, 예수께서 우리가 미처 끝내지 못한 그 일을 우리를 위해 이루실 것입니다. 이것이 부활의 약속입니다. 아담과 하와가 에덴동산에서 이루지 못한 일이 이루어질 것이며, 우리가 실패한 일이 완성될 것입니다. 그의 약속에는 언제나 소망이 있습니다.

크리스토프 프리드리히 블룸하르트

60. 다가오는 새 생명

보좌에 앉으신 이가 이르시되 보라 내가 만물을 새롭게 하노라계21:5

온 세상의 간절한 소망은 그리스도께서 만물을 새롭게 하실 날을 향하고 있습니다. 그렇습니다. 모든 만물은 예외 없이 새롭게 될 것입니다.

여러분이 이 사역에 동참하고 싶다면, 먼저 자신의 생명을 넘겨주어야 할 것입니다. 여러분은 만물이 오래된 기구처럼 찢겨나갈 것을 두려워할 수 있지만, 여러분의 생명은 말하자면 수리점으로 가야 할 것입니다. 성경은 "만물을 새롭게" 할 것이라고 말합니다. 이것은 모든 좋은 것이거나 좋은 것처럼 보이는 것, 특히 여러분에게 익숙한 것을 포기해야 한다는 뜻입니다. 모든 것은 수리점으로 가야 합니다.

여러분은 날마다 어떤 상황에서든, 온 세상을 기꺼이 완전하게 하나님께 넘겨야 합니다. 여러분이 삶의 영역을 붙들고 있는 한, 비록 그것이 유익한 것이라고 할지라도 결코 새롭게 되지 않을 것입니다. 여러분은 하나님이 만물을 새롭게 하시기 전에 모든 것을 하나님께 내어놓아야 합니다.

결국 하나님의 온전하신 뜻, 즉 그의 선하시고 완전하시고 은혜로우신 뜻이 여러분의 마음속에 있을 때, 하나님의 뜻이 하늘에서와 같이 땅에서도 이루어질 때, 가장 놀라운 기적이 일어날 것입니다.

크리스토프 프리드리히 블룸하르트

61. 내가 너희와 항상 함께 있으리라

볼지어다 내가 세상 끝날까지 너희와 항상 함께 있으리라 하시니라

마 28:20

세월이 흘러 여러분 주변의 모든 것들이 덧없이 사라지고 나면, 여러분은 쇠약해지고 아무런 의욕도 생기지 않을 것입니다. 여러분은 여러분에게 가장 소중한 것이 언제 사라질지도 모르는 채 하루하루를 지낼 것입니다. 그러나 그때가 바로 하나님이 개입하시는 순간이 될 것입니다. 그는 여러분과 함께하실 것입니다. "내가 너희와 항상 함께 있으리라."

하나님이 함께 하신다는 것은 우리의 믿음입니다. 우리는 이러한 믿음으로 살아야 합니다. 하나님은 우리와 함께하시며 가까이 계십니다. 우리는 결코 혼자가 아닙니다. 여러분의 삶이 어둡고 고통스러운 것처럼 보일지라도, 여러분의 삶이 한 치 앞도 볼 수 없을 만큼 힘들지라도, 여러분은 혼자가 아닙니다. 구주는 여러분을 자신에게 단단히 붙들어 매고 계시며, 새로운 것으로 여러분을 충만케 하실 것입니다. 여러분은 여러분이 져야 할 모든 짐을 극복할 수 있는 새로운 힘과 소망을 얻게 될

것입니다.

우리는 모두 죽음을 향한 고통스러운 싸움을 하고 있습니다. 문제는 "어떻게 감당해 나갈 것인가"라는 것입니다. 온갖 환난과 저격이 난무하고 죽음의 깊은 고통으로 가득한 적대적 세상은 우리의 모습과 같습니다. 숨도 쉴 수 없을 만큼 힘든 날도 얼마나 많은지 모릅니다. 그러나 기뻐하십시오! 여러분이 날마다 벌이는 사투는 곧 날마다 이기는 승리의 싸움이 될 것이기 때문입니다. 여러분은 크고 강력한 군대가 여러분을 둘러싸고 있는 것을 보게 될 것이며, 구주의 승리가 여러분과 여러분 주변에 드러날 것입니다.

"내가 너희와 항상 함께 있으리라"는 말씀을 기치로 삼아 힘을 내시기 바랍니다. 그는 "항상" 함께 계실 것입니다. 여러분의 삶 속에 하나님의 임재가 가시화되어야 합니다. 기뻐하십시오. 여러분은 하나님이 함께 하신다는 복된 소식을 실제로 경험할 수 있게 되었습니다. 하나님의 임재는 이 복음을 받아들인 모든 사람을 구원하시는 능력이 될 것입니다.

"끝날까지"all the days는 언제를 말합니까? 우리는 종종 심한 외로움을 느낍니다. 때로는 하나님에 대해 생각하는 것조차 힘들 만큼 우울한 날도 있습니다. 우리는 지난날에 행한 어리석은 일들로 인해 낙심하기도 합니다. 그러나 아무리 어두운 날일지라도 모두 하나님이 여러분에게 주신 날입니다. 기억하시기 바랍니다. 지금까지 여러분이 살았던 모든 날은 여러분의 날입니다. 여러분이 헛되게 보낸 해와 날과 순간, 모든 경험, 모든 기쁨, 삶의 용기를 주었거나 낙심하게 했거나 슬프게 했던 모든 것은 다 여러분의 날에 속합니다. 그러나 그 모든 날과 순간에 사랑하는 구주께서 여러분과 함께 계셨습니다. 얼룩진 날이 있다면, 구주께서 깨끗이 닦아주실 것입니다. 어두운 날이 있다면, 구주께서 그의 광채로 다시 기쁨을 얻게 하실 것입니다. 그는 행복한 날에도 함께하십니다. 그는 참으로 날마다 여러분 곁에 서 계십니다. 여러분은 그를 알아채지 못했을 수 있지만, 하나님은 예전에도 지금도 여러분의 모든 날에 함께하십니다. 여러분의 시대가 그의 장중에 있습니다. 여러분의 미래도 마찬가지입니다!

여러분의 삶을 돌이켜보면, 부끄러운 일들이 있을 것입니다. 그러나 예수님은 여러분과 함께 계셨습니다. 그는 여러분의 모든 날을 꿰뚫고 계시며, 여러분이 태어난 날까지 세밀히 알고 계십니다시 139편. 예수의 구원하시는 영이 여러분의 모든 삶에, 비록 잘못 산 날이 많다 할지라도, 역사하시다는 사실을 알아야 합니다. 하나님은 여러분의 평생을 함께해 왔습니다. 그는 세상 끝날까지 여러분과 함께하실 것입니다. 그의 임재는 어떤 식으로든 여러분의 모든 삶을 밝혀주었습니다.

여러분은 지금도 불쌍하고 미천한 여러분의 몸속에 구주의 임재를 경험할 수 있다는 사실을 압니까? 여러분은 어디서 무엇을 하든, 항상 구주를 드러낼 수 있습니다. 여러분의 모든 싸움과 삶, 모든 고통과 승리는 구주를 증거할 수 있습니다. 여러분이 위로를 받으면 온 세상이 위로를 받습니다. 여러분이 죄사함을 받으면 온 세상에 소망이 있습니다. 여러분이 질병과 사망의 고통을 극복한다면, 구주의 자비가 수많은 사람에게 확장될 것입니다. "볼지어다 내가 세상 끝날까지 너희와 항상 함께 있으리라." 이것이 복음입니다.

이 세상 어딘가에 있는 우리를 결박하고 있는 고통의 사슬인 어둠은 깨어져야 합니다. 어쩌면 여러분은 수많은 사람을 결박한 족쇄를 풀기 위해 매인, 선택받은 자일 수 있습니다. 아마도 지금은 여러분이 곤궁에 처할 차례일 것입니다. 그러나 기억하십시오. 여러분이 받는 위로는 다른 사람을 위로할 수 있습니다. 여러분은 혹시 죽음의 문턱에 있는지도 모릅니다. 그럴지라도 여러분을 통해 부활의 소망이 드러날 수 있습니다. 이 모든 과정에서 하나님은 여러분과 함께하실 것입니다. 예수께서 친밀하게 여러분 가까이 다가오실 것입니다. 그는 어떤 일이 있어도 여러분을 붙들어 매실 것입니다.

그러므로 두려워하지 마십시오! 여러분이 어떤 싸움을 하든, 헤쳐나가야 할 장애물이 무엇이든, 아무리 작은 것이라도 여러분은 영원을 위한 중요한 싸움을 하는 것입니다. 예수의 능력이 여러분을 통해 역사할 것이며, 다른 사람에게 흘러갈 것입니다. 기꺼이 섬기는 종이 되십시오. 그러면 여러분은 그가 역사하신 흔적을 지니게 될 것입니다.

오랫동안 기다려온 시간, 여러분을 짓누르고 괴롭혔던 모든 시간, 가끔 느꼈으나 이해하지 못했던 어둠의 힘, 원인을 알 수 없는 불안감, 이 모든 것들은 다 끝날 것입니다. 영원은 여러분 곁으로 뚜렷이 다가올 것입니다. 하나님은 때를 따라 모든 우발적 사건으로부터 여러분을 건지시고 자신에게로 인도하실 것입니다. 영원한 사랑의 능력이 조용히 다가올 것이며, 여러분은 이러한 하나님의 능력이 얼마나 놀랍고 위대한지 가히 상상조차 할 수 없을 것입니다. 여러분의 목전에는 새로운 세상이 펼쳐질 것입니다.

크리스토프 프리드리히 블룸하르트

출 처

Blumhardt, Christoph Friedrich. *Christoph Blumhardt: Eine Auswahl aus seinen Predigten, Andachten und Schriften.* Edited by R. Lejeune. 4 vols. Zürich: Rotapfel Verlag, 1925-32.

---- *Hausandachten für alle Tage des Jahres.* Berlin: Furche Verlag, 1926.

---- *Vom Reich Gottes.* Edited by Eugen Jäckh. Berlin: Furche Verlag, 1925.

---- *Von der Nachfolge Jesu Christi.* Edited by Eugen Jäckh. Berlin: Furche Verlag, 1923.

Blumhardt, Johann Christoph. *Gesammelte Werke: Schriften, Verkündigung, Briefe.* Edited by Paul Ernst, Joachim Scharfenberg, Gerhard Schäfer, and Dieter Ising. 14 vols. Göttingen: Vandenhoeck & Ruprecht, 1968-2001.

오랫동안 기다려온 시간,
여러분을 짓누르고 괴롭혔던 모든 시간,
가끔 느꼈으나 이해하지 못했던 어둠의 힘,
원인을 알 수 없는 불안감,
이 모든 것들은 다 끝날 것입니다.
영원은 여러분 곁으로 뚜렷이 다가올 것입니다.